AF332532

Educational Text-Books.

ENGLISH.

ARNOLD'S History of Rome. 8vo	3 00
———— Lectures on Modern History. 12mo.	1 25
BOJESEN and Arnold's Manual of Grecian and Roman Antiquities. 12mo.	1 00
CHASE'S Treatise on Algebra. 12mo	1 00
CROSBY'S First Lessons in Geometry. 18mo	38
CHAMPLIN, J. T. A Practical Grammar of the English Language.	34
COMING'S Class-Book of Physiology: for the use of Schools and Private Families. 12mo. 270 pages, 24 plates and 200 woodcuts............Muslin,	1 00
———— Companion to Class-Book. 12mo..........Muslin,	50
CORNELL'S Primary Geography. Forming part 1st of a systematic series of School Geographies. Small quarto, beautifully illustrated	50
———— Intermediate Geography.	
———— High School Geography and Atlas	
COUSIN'S Lectures on the History of Philosophy. 2 vols. 8vo	3 00
———— " on the True, the Beautiful, and the Good.	1 50
COVELL'S Digest of English Grammar. 12mo	50
COE'S Drawing Cards, in 10 parts each	25
GILLISPIE'S Land Surveying. 1 vol. 8vo	2 00
GRAHAM'S English Synonymes. Edited by Professor Reed. 12mo	1 00
GREENE'S History of the Middle Ages. 12mo	1 00
GREEN'S Elementary Botany. A beautifully illustrated quarto	75
———— Class-Book of Botany. 1 vol. 4to.	1 50
GUIZOT'S History of Civilization. Notes by Professor Henry, 12mo	1 00
HAMILTON'S (Sir William) Philosophy. Arranged and edited by O. W. Wight,	1 50
HAND-BOOK of Anglo-Saxon Root-Words. 12mo	50
" of Anglo-Saxon Derivatives. 12mo	75
" of the Ingrafted Words of the English Language. 12mo	1 00
JAEGER'S Class-Book in Zoology. 18mo	42
JOHNSTON'S Chemistry of Common Life. 2 vols. 12mo	2 00
KEIGHTLEY'S Mythology of Greece and Rome. 18mo	42
KŒPPEN'S Historical Geography. "The World in the Middle Ages." 2 vols. 12mo. 850 pp	2 00
———— The Same Work. 1 vol. folio, letter press, 6 maps	4 50
LATHAM'S Hand-Book of the English Language. 12mo	1 25
MANGNALL'S Historical Questions. With American additions. 12mo	1 00
MARKHAM'S School History of England. Edited by Eliza Robbins, 12mo	75
MANDEVILLE'S Reading Books, viz.:	
1. Primary Reader. 18mo	10
2. Second Reader. 16mo	17
3. Third Reader. 16mo	25
4. Fourth Reader. 12mo	38
———— Course of Reading. 12mo	5
———— Elements of Reading and Oratory. 12mo. New edit	1 00
———— New Primary Reader.	12
———— New Second Reader	
MARSHALL'S Book of Oratory. 12mo. 500 pp	1 00
———— First Book do.	62
MULLIGAN'S Exposition of the Grammatical Structure of the English Language. 12mo	1 50
OTIS'S Easy Lessons in Landscape Drawing. 6 Parts	1 87
Cloth,	2 25

OTIS'S Studies of Animals. 5 Parts..		1 87
	Cloth,	2 25
—— First Lessons in Pencil Drawing......................................		25
—— Elementary Drawing Cards. Landscape, 12 Lessons; Animals, 12 Lessons.		
	Each set,	25
PALMER'S First Lessons in Book-keeping. 12mo....................Boards,		19
—— Ruled Blanks for do..		1
PERKINS' Primary Arithmetic. Combining mental and written exercises. Introductory to Elementary and Practical.......................................		19
—— Elementary do. Introductory to the Higher Arithmetic. 12mo. 347 pp.		38
—— Practical do. Containing over 3900 examples for practice. 12mo. 356 pages...Muslin,		63
—— Key to do. Containing complete and full solutions. 12mo. 324 pages...Muslin,		
—— Higher do. New edition with appendix. 12mo. 342 pages....		75
—— Elementary Geometry. With practical applications. 12mo. 320 pages		
	Sheep,	1 00
—— Plane and Solid Geometry. (College edition.) Large 8vo............		1 50
—— Elements of Algebra. Revised edition, just published. 12mo. Sheep,		75
—— Treatise on do. (College edition.) Large 8vo 420 pages. Sheep,		1 50
—— Plane Trigonometry and Surveying. With tables. Large 8vo.......		1 50
PUTZ and Arnold's Manual of Ancient Geography and History. 12mo.......		1 00
—— Mediæval Geography and History. 12mo..........................		75
—— Modern do. do. 12mo..........................		1 00
QUACKENBOS'S First Lessons in English Composition. 12mo.............		45
—— Advanced Course of Composition and Rhetoric. 12mo........		1 00
REID'S Dictionary of the English Language, with Derivations, &c. 12mo..		1 00
ROBBINS' (ELIZA) Class-Book of Poetry, for the use of Schools or Private Instruction. 16mo..		75
—— Guide to Knowledge. Adapted for Young Persons. 18mo.........		63
SEWELL'S First History of Greece. 18mo................................		63
—— First History of Rome. 18mo.		50
SHAKSPEARIAN Reader. By Prof. Hows. 12mo.......................		1 25
SPALDING'S History of English Literature. 12mo.,..............Cloth,		1 00
TAYLOR'S Manual of Modern and Ancient History. Edited by Prof. Henry. 8vo. ....Sheep,		2 50
	Cloth,	2 25
—— Ancient History, separate...................................		1 25
—— Modern do. do.		1 50
WARING'S Elements of Agriculture. 12mo........................Muslin,		75
WRIGHT'S Primary Lessons; or, Child's First Book...................		12
YOUMAN'S Class-Book of Chemistry. 12mo.		75
—— Chart of Chemistry. On Rollers..........................		5 00
—— Chart of Chemistry. Atlas form...........................		2 00

GREEK AND LATIN.

ARNOLD'S First and Second Latin Book and Practical Grammar, by Spencer. 12mo..		75
—— First Latin Book. By Harkness. 12mo.		75
HARKNESS'S Second Latin Book and Reader. 12mo. pp. 262, beautifully printed....		90
ARNOLD'S Latin Prose Composition. 12mo.		1 00
—— Cornelius Nepos. With Notes. 12mo		1 00
—— First Greek Book. New edition, revised....................		75
—— Greek Prose Composition. New revised edition. 12mo............		75
—— Second Greek Prose Composition. 12mo......................		75
—— Greek Reading Book. Edited by Spencer 12mo.................		1 25
BOISE'S Exercises in Greek Prose Composition. 12mo....................		75

Continued in the end of this volume.

[illegible handwritten signature]

COMMENT ON PARLE À PARIS;

OR,

FRENCH

AS SPOKEN IN PARIS.

FOR THE USE OF

PUPILS AND TRAVELLERS.

BY

MADAME DE PEYRAC.

NEW YORK:

D. APPLETON AND COMPANY,

346 & 348 BROADWAY.

M DCCC LVII.

PREFACE.

FRENCH being now one of the essential branches of education, it is important that pupils should be taught to speak it; not only fluently, but with elegance. Why is it that so many young persons, after studying for several years, are so frequently incapable of holding a conversation in that language? Their memory is certainly well stored with a variety of expressions, but how and when to apply them, they know not; and the refinement which constitutes the great beauty of French conversations, they are generally unacquainted with.

Madame Campan, whose superior talents and experience in education have been universally acknowledged, understood the necessity of familiarizing her pupils with the true idiom of languages. She wrote a work, on a plan somewhat similar to the one I have adopted; but the expressions used forty years ago—the manners and customs of those days—being now obsolete, it becomes essential to replace those dialogues by others more modern, and consequently more useful; giving the reader a correct idea, not only of the present style of conversation, but also of the manner of living of the different classes in Paris.

This work is not intended for children, but for young persons, who, having already partially acquired the language, need but the knowledge of the higher tones of conversation, which will enable them to appreciate the beauties of literature, and that brilliancy and ease of expression which have rendered French so universal.

In order to make this study more attractive, I have presented this little volume to my young readers under the form of a simple romance; hoping that the interest they will take in those who act a part in it, will induce them to remember and use the expressions it contains. That they may be as wise and as fortunate as Marie Darville, is the sincere wish of

The Authoress.

As it is impossible to introduce all the elegant expressions of the French language into a volume of this size, it is my intention, should this work prove as useful as I anticipate, to publish several series of conversations on the same plan.

PERSONNAGES.

———

Madame Darville.		
Marie	sa fille.	her daughter.
Charles	son fils.	her son.
Madame de Parnes	sa sœur.	her sister.
M. de Parnes.		
Laure de Parnes	leur fille.	their daughter.
Le Comte de Montreuil	fiancé de Laure.	engaged to Laura.
Le Général Bertrand	ami de Madame Darville.	Mrs. Darville's friend.
George Dalbret	son neveu.	his nephew.
Le Général Dorimont	ami de Madame Darville.	Mrs. Darville's friend.
Madame Dorimont.		
Madame Beaufort	leur fille.	their daughter.
M. Beaufort.		
Coralie		
Berthe	} leurs enfants.	their children.
Edmond		
La Marquise de Forlis	connaissance de Madame de Parnes.	an acquaintance of Madame de Parnes.
Le Marquis de Forlis	son fils.	her son.
Madame de Brevannes.		
Arthur de Brevannes	son fils.	her son.
Fanny Howard	jeune Américaine adoptée par Madame de Brevannes.	a young American girl, adopted by Madame de Brevannes.
La Duchesse de Lussan.		
Le Duc de Lussan.		
Madame Mercourt.		
M. Mercourt.		
Lord Stanley.		
M. Sanival	cousin de Madame Mercourt.	Mrs. Mercourt's cousin.
L'Archevêque de Tours.		
M. Davrigny	Préfet de Tours.	
Madame Davrigny.		
Le Docteur Taurin.		

MARGUERITE FLORÈRE......	ouvrière.	sempstress.
ALBERT....................	son fils.	her son.
MADAME RABOT...........	concierge.	porter's wife.
MADAME DE BAISIEUX......	couturière.	mantua-maker.
MADEMOISELLE HERMILLE...	lingère.	a linen-draper.
UN JOAILLIER..		a jeweller.
UN COMMIS..		a clerk.
DEMOISELLE DE BOUTIQUE............................		a shop-girl.
DEUX PETITES ORPHELINES...........................		two little orphan girls.
BONCHAMP................	domestique de Madame Darville.	Mrs. Darville's servant.
SUZETTE..................	sa femme de chambre.	her maid.
ANTOINE..................	maître d'hôtel de Madame de Parnes.	Madame de Parnes' steward.
JACQUES.............	valet de pied.	a footman.
JUSTINE....................	femme de chambre.	Madame de Parnes' maid.
UN DOMESTIQUE.......................................		a waiter.
UNE OUVREUSE..		a box-keeper.

FRENCH AS SPOKEN IN PARIS.

CHAPITRE I.

PARIS,
L'Hôtel de Hollande,
Rue de la Paix.

MARIE.—SUZETTE.

MARIE.

Suzette, maman, est-elle levée?

SUZETTE.

Oh! il y a longtemps, mademoiselle, madame est à l'église depuis une heure.

MARIE.

Pourquoi ne m'as-tu pas réveillée? j'y serais allée avec elle; tu sais combien j'aimais mes promenades du matin à Vogerolles.

1*

CHAPTER I.

PARIS,
The Hotel de Hollande,
Rue de la Paix.

MARIE.—SUZETTE.

MARIE.

Suzette, is mamma up?

SUZETTE.

Oh! miss, she has been up some time and in church for the last hour.

MARIE.

Why did you not wake me? I should have gone with her; you know how I used to enjoy my morning walks at Vogerolles.

Suzette.

Oui, mademoiselle ; mais à Paris l'air n'est pas bon comme à la campagne, et, d'ailleurs, madame m'a bien recommandé de laisser dormir mademoiselle ; elle craint que la vie de Paris ne vous rende malade.

Marie.

Bonne mère ! quelle tendresse ! quels soins ! Sais-tu, Suzette, que je me reproche presque de l'avoir engagée à quitter notre vieux château, notre doux calme des bois, pour cette vie bruyante, étourdissante, que l'on mène ici. Depuis un mois que nous sommes à Paris, plus d'une fois je l'ai entendue soupirer ; cela me chagrine ; mais aussi pouvais-je ne pas désirer ce voyage ? lorsque les lettres de ma cousine Laure, étaient pleines de descriptions superbes des charmes de Paris ; je ne pensais qu'à cela, je n'en dormais pas, enfin Charles s'est décidé à me prêter son éloquence et j'ai gagné mon procès. Nous voilà à Paris, dans ce beau Paris, la capitale du monde civilisé, comme disait notre vieux voisin Mon-

Suzette.

Yes, miss ; but in Paris the air is not as pure as in the country, and, besides, madam has given me positive orders not to disturb you in the morning ; she fears the fatiguing life you lead here may injure your health.

Marie.

Dearest mother ! what love ! what care she bestows on me ! Do you know, Suzette, that I almost reproach myself for having induced her to leave our old castle, the sweet quietude of our woods, for the noisy bustle of this place. We have only been here a month, and I have already heard her sigh several times : it distresses me ; but could I avoid wishing that we might take this trip, when my cousin Laura's letters were full of glowing descriptions of Paris and its many charms ? I thought of nothing else, night and day. It haunted me, until I persuaded Charles to lend me his eloquence. The suit was won, and here we are in Paris, this magnificent Paris, the capital of the civilized world, as our old neighbor Mr. Ber-

sieur Bertrand. Mais, Suzette, tu ne me parais pas aussi émerveillée toi, regretterais-tu Vogerolles?

trand used to call it. But, Suzette, you are not quite as amazed as I am. Do you regret Vogerolles?

SUZETTE.

Mais—oui, mademoiselle, et vous le comprendrez facilement. Née en Touraine, élevée par les bontés de madame votre mère, partageant toujours vos jeux, vos plaisirs, j'étais parfaitement heureuse, et jamais je n'ai rêvé d'autres joies que celles du château ou du village. Vous y étiez heureuse aussi, Mademoiselle Marie, il y a quelques mois; vous y avez laissé de bons amis, notre vénérable pasteur, Monsieur Bertrand, Monsieur George Dalbret.

SUZETTE.

Well—yes, miss, and you will easily understand why. I was born in Touraine, brought up under the kind care of your mother, always sharing your pleasures and sports. I was perfectly satisfied, and never thought of other joys than those of the old castle and the village. You, too, were happy there, a few months ago, Miss Marie; you left many kind friends, our venerable pastor, Mr. Bertrand, Mr. George Dalbret.

MARIE.

George! oui, c'est un charmant garçon que j'aime sincèrement. Que de fois j'ai fait des promenades à cheval avec Charles et lui. Nous partions au jour; rien n'est beau comme le lever du soleil dans notre Touraine, lorsque ses premiers rayons viennent dorer nos plaines fleuries; je laissais flotter les rênes sur le cou de ma Gi-

MARIE.

George! yes, he is a fine fellow, and I am truly attached to him. Many a pleasant ride on horseback have I taken with Charles and him. We would start at daybreak; nothing can exceed the beauty of a sunrise in our Touraine, when its rays begin to gild our flowery fields; my reins would hang loose on Giselle's neck, while the zephyrs

selle, la brise du matin nous apportait les parfums des bois. Puis, nous partions au grand galop;—Giselle dépassait Spark et Flash,—j'arrivais au but,—haletante—essouflée—mais glorieuse de ma victoire, heureuse surtout, lorsque j'entendais mes deux cavaliers crier : "Marie! Marie! de la prudence!" George aussi m'appelait Marie alors, mais bah!.... vois-tu, Suzette, il faut oublier tout cela, car je veux être marquise, il me faut des diamants, des cachemires, un équipage; Laure dit que tout cela est indispensable. Tiens, j'entends la sonnette, c'est sans doute maman qui rentre de l'église; va vite lui ouvrir.

Suzette.

J'y cours.

Marie.

Allons embrasser cette bonne mère.

of the morning wafted the budding perfumes towards us. Then we started on a full gallop;—Giselle would pass Spark and Flash,—I reached the goal, panting—exhausted—but elated with success, so happy, particularly when I heard my companions cry out : "Marie! Marie! be prudent!" George, too, would call me Marie then; —but nonsense, Suzette, all this must be forgotten. A marchioness I must be, diamonds and cashmeres. I must have, besides, a splendid equipage, Laura says these things are indispensable to one's happiness. There,—I hear the bell; mamma has probably returned from church, run and open the door for her.

Suzette.

Yes, miss.

Marie.

I must get a kiss from that dear mother.

CHAPITRE II.

MADAME DARVILLE.—MARIE.—
SUZETTE.

———

MADAME DARVILLE.

Bonjour, mon enfant, as-tu
bien dormi ?

MARIE.

Trop bien, trop longtemps,
chère petite mère de mon cœur.
Sais-tu que ce n'est pas gentil
à toi de sortir sans moi; de me
laisser faire la paresseuse; je
prendrai de mauvaises habitudes dans ce vieux Paris.

MME. DARVILLE.

Chaque chose a son temps;
à la campagne, le sommeil est
moins nécessaire qu'ici. Mais
il me semble que tu es bien
rouge; tu étais assise trop près
du feu sans doute ?

MARIE.

Non, vraiment, mais je viens
de donner à Suzette une description de mes promenades à cheval

CHAPTER II.

MRS. DARVILLE.—MARIE.—
SUZETTE.

———

MRS. DARVILLE.

Good morning, darling, had
you a good night's rest ?

MARIE.

Too good, too long, dearest
mother. Do you know, it was
very naughty in you to go out
in this way, without me; to
allow me to indulge so much;
I shall acquire bad habits in
this old Paris.

MRS. DARVILLE.

Circumstances alter cases;
sleep is more essential to you
here than in the country. But
you are flushed, you have been
sitting near the fire, I suppose ?

MARIE.

No, indeed, but I was giving
Suzette a graphic description
of my rides on horseback at

à Vogerolles, et positivement je me croyais sur le dos de Giselle.

Vogerolles, and positively fancied myself on Giselle's back.

Mme. Darville.

Tu serais mieux là qu'ici, mon enfant ;—n'importe, nous voilà à Paris, je veux que tu jouisses de tous ses charmes ; quand tu en seras fatiguée, nous retournerons à Vogerolles ; je vous laisse libres, Charles et toi, á cet égard.

Mrs. Darville.

You would be far better there than here; my child ;— but it matters not, we are in Paris, and I wish you to enjoy all its advantages; when you are weary of them, we will return to Vogerolles; I leave Charles and you entirely free on the subject.

Marie.

Oh ! alors chère mère, prenons un appartement de suite ; car six mois me suffiront à peine pour connaître toutes les merveilles de cette grande capitale ; je veux tout voir, tout entendre, et. . . . .

Marie.

Oh ! then, dear mother, let us take an apartment at once ; six months will be scarcely sufficient to see all the wonders of this great capital ; I must see all, hear all, and. . . . .

Mme. Darville.

Doucement, Marie, tu prends encore le galop ; d'ici à quelques semaines, tu auras peut-être changé d'avis. Mais il est tard : Suzette, prenez mon chapeau, et dites à Bonchamp de servir le déjeuner ; je l'avais demandé pour dix heures. Mon fils est-il chez lui ?

Mrs. Darville.

Gently, Marie, you are racing again ; perhaps, before a few weeks, you will have altered your mind on the subject. But it is late : Suzette, take my bonnet and tell Bonchamp to bring up breakfast ; I had ordered it for ten o'clock. Is my son in his room ?

SUZETTE.

Je vais m'en informer, madame.

SUZETTE.

I will inquire, ma'am.

MME. DARVILLE.—MARIE.—CHARLES.—BONCHAMP.

MRS. DARVILLE.—MARIE.—CHARLES.—BONCHAMP.

CHARLES (*embrassant sa mère*).

Bonjour, chère mère, comment déjà en courses si matin ? (*à* MARIE) je présente mes très humbles salutations à la marquise de Carabas.

CHARLES (*kissing his mother*).

Good morning, dear mother, what! out already ? (*to* MARIE) I present my most humble salutations to the marchioness of Carabas.

MARIE (*saluant*).

Marquise, oui, mais pas de Carabas, monsieur le railleur.

MARIE (*bowing*).

A marchioness, yes, sir, but not of Carabas, Mr. Jester.

BONCHAMP.

Madame est servie.

BONCHAMP.

Breakfast is ready, ma'am.

CHAPITRE III.

Le Déjeuner.

CHAPTER III.

The Breakfast.

MME. DARVILLE.—MARIE.—CHARLES.—BONCHAMP.—UN DOMESTIQUE.

MRS. DARVILLE.—MARIE.—CHARLES.—BONCHAMP.—A WAITER.

MME. DARVILLE.

Voilà une table bien servie,

MRS. DARVILLE.

Here is a well-furnished table,

mes enfants; je vous conseille d'y faire honneur, car nous avons beaucoup à faire aujourd'hui. Marie, j'attends la lingère et le cordonnier ce matin. A trois heures, ta tante et ta cousine viendront nous chercher pour faire une promenade au Bois de Boulogne : Bonchamp, découpez ce poulet froid.

my children; I advise you to take a substantial breakfast, as we will have a great deal to attend to to-day. Marie, I expect the milliner and the shoemaker this morning. At three o'clock, your aunt and cousin will call for us to take a drive in the Bois de Boulogne : Bonchamp, carve this cold fowl.

MARIE.

Ces œufs sont délicieux, mais je les préfère á la coque : Charles te servirai-je une côtelette ?

MARIE.

These eggs are excellent, but I prefer them boiled soft : Charles, shall I send you a mutton chop ?

CHARLES.

Merci, je déguste ma douzaine d'huîtres avec une satisfaction toute particulière.

CHARLES.

Thank you, I am enjoying my oysters exceedingly.

BONCHAMP.

Madame prendra-t-elle de ce pâté de gibier ?

BONCHAMP.

Madam, shall I help you to some of this game pie ?

MME. DARVILLE.

Non, le poulet me suffit : Bonchamp, servez du Bordeaux à mon fils; Marie, un peu de vin te ferait du bien.

MRS. DARVILLE.

No, I have some of the fowl : Bonchamp, hand the claret to my son; Marie, a little of it would do you good.

MARIE.

Fi donc! petite mère, cela me donnerait des couleurs, et c'est d'un mauvais genre !

MARIE.

Fie! mother dear, it would give me quite a color, and that is very unbecoming.

Mme. Darville.

Ah ! les fluxions de poitrine sont donc à la mode ?

Mrs. Darville.

Indeed ! then I suppose consumption is all the fashion ?

Marie.

Pas précisément ; maman me permets-tu de prendre une tasse de café, non ? Eh bien ! je me résigne : Donnez-moi du thé, Bonchamp. Charles, que fais-tu de ta journée ?

Marie.

Not exactly ; mamma, will you allow me to take a cup of coffee, no ? Well, then, I must submit : Bonchamp, give me some tea. Charles, how do you intend to spend this day ?

Charles.

Ma foi ! je n'en sais trop rien ; Forlis (un vrai marquis), Gustave de Forlis, doit venir me chercher à deux heures pour essayer une *Américaine,*—comprends-tu ? Eh bien ! c'est une espèce de voiture, d'un genre nouveau, très à la mode. D'ici là, je flânerai sur les boulevards et si tu es sage, je t'apporterai un bouquet de violettes : Bonchamp, du pain.

Charles.

Indeed I don't know ; Forlis (a real marquis), Gustave de Forlis, will call for me at two o'clock to try an *American,*—do you know what I mean ? Well, it is a new style of vehicle very fashionable just now. Until then, I will lounge about the boulevards, and if you are a good girl I will bring you a bouquet of violets : Bonchamp, some bread.

Un Domestique.

On apporte à l'instant ce billet pour madame. (Bonchamp *le présente à* Mme. Darville *sur un petit plateau*).

A Waiter.

This note was just left for Mrs. Darville. (Bonchamp *hands it to* Mrs. Darville *on a small salver*).

Mme. Darville.

Encore un plaisir pour toi,

Mrs. Darville.

More pleasure for you, Marie.

Marie. Madame d'Ivry nous envoie sa loge aux Italiens pour demain soir ; on donne la *Lucie*.

Madame d'Ivry sends us her box at the Italian Opera for to-morrow night; they will perform *Lucia*.

MARIE.

Quel bonheur ! moi qui mourais d'envie d'y aller ; mais il me faut une toilette, une pelisse d'opéra !

MARIE.

How delightful! I was dying to hear it; but I must have a suitable toilet, an opera cloak!

MME. DARVILLE.

Nous nous en occuperons.

MRS. DARVILLE.

We will attend to all that.

BONCHAMP.

Le chausseur que madame a fait demander est ici.

BONCHAMP.

The shoemaker, whom madam has sent for, is here.

MME. DARVILLE.

Dites à Suzette de le faire entrer dans le petit salon.

MRS. DARVILLE.

Tell Suzette to ask him into the sitting-room.

CHARLES.

Allons, mesdames, je vous laisse à vos occupations ; je vais fumer un cigare chez Tortoni. Adieu, bonne mère ; bonjour, marquise.

CHARLES.

Ladies, I leave you to your occupations; I will smoke a cigar at Tortoni's. Farewell, dear mother; good morning, marchioness.

MARIE.

Au revoir, monsieur le taquin.

MARIE.

Farewell, Mr. Teaze.

CHAPITRE IV.

Mme. Darville.—Marie.—Suzette.
—Le Chausseur.

———

Mme. Darville.

M'avez-vous apporté des chaussures à essayer ?

Le Chausseur.

Oui, madame, mais il vaudrait peut-être mieux que madame me permit de prendre sa mesure ; je pourrais lui livrer les chaussures dans quelques jours.

Mme. Darville.

Eh bien ! prenez d'abord celle de ma fille ; vous lui ferez trois paires de bottines, deux noires et une brun foncé ; une paire boutonnée et claquée, pour l'hiver ; ensuite trois paires de souliers de satin noir, et autant de satin blanc.

Le Chausseur.

Je vais inscrire tout cela. Et pour madame ?

CHAPTER IV.

Mrs. Darville.—Marie.—Suzette.
—The Shoemaker.

———

Mrs. Darville.

Have you brought me some shoes to try on ?

The Shoemaker.

Yes, ma'am, but perhaps it would be better that I should take your measure ; I could have the shoes ready in a few days.

Mrs. Darville.

Well ! take my daughter's first ; you will make her three pair of gaiter boots, two black, and one dark brown ; a pair of foxed buttoned-boots for cold weather ; also three pair of black satin shoes, and three pair of white satin.

The Shoemaker.

I will write all that down. And for you, madam ?

Mme. Darville.

Les mêmes chaussures, excepté les souliers de satin blanc; avez-vous des chaussons pour le bal ?

Mrs. Darville.

The same, except the white satin shoes ; have you any knit socks ?

Le Chausseur.

Oui, madame, je vous apporterai tout cela à la fin de la semaine. J'ai l'honneur de vous saluer.

The Shoemaker.

Yes, ma'am, I will bring all you have ordered towards the end of the week. Good morning, ma'am.

Mme. Darville.

Surtout que mes souliers soient bien larges, bien aisés. Bonjour, monsieur.

Mrs. Darville.

Be particular in making my shoes wide and comfortable. Good morning.

Suzette.

Madame veut-elle voir Mademoiselle Hermille, la lingère, que madame la comtesse a recommandée hier ?

Suzette.

Madam, will you see Miss Hermille, the linen-draper whom the countess recommended yesterday ?

Mme. Darville.
Oui, faites-la entrer.

Mrs. Darville.
Yes, ask her in.

Mme. Darville.—Marie.—Mlle. Hermille.—Suzette.

Mrs. Darville.—Marie.—Miss Hermille.—Suzette.

Mlle. Hermille.
Madame de Parnes m'a fait dire que madame désirait voir des lingeries.

Miss Hermille.
Madame de Parnes has sent me word that you wished to look at some embroideries.

MME. DARVILLE.

Oui, il me faut plusieurs choses. Vos modèles sont-ils tout-à-fait nouveaux?

MRS. DARVILLE.

Yes, I want several things. Are your patterns quite new?

MLLE. HERMILLE.

Dans le dernier goût. Madame votre sœur m'a fait l'honneur de me confier une partie du trousseau de mademoiselle sa fille, et je me flatte qu'il sera d'un goût irréprochable.

MISS HERMILLE.

In the last style. Your sister has been kind enough to trust me with part of her daughter's outfit, and I flatter myself that it will be faultless.

MME. DARVILLE.

Je n'en doute pas; voilà des cols du matin assez gentils, mais ils me paraissent bien grands; ce n'est pas gracieux.

MRS. DARVILLE.

I dare say; here are some pretty morning-collars, but they appear to me very large; it is not a becoming style.

MLLE. HERMILLE.

C'est vrai, mais la mode est un tyran auquel il faut se soumettre. Madame voudrait-elle essayer ces bonnets de nuit? ils vont à merveille. Voici des camisoles d'une forme charmante. Ces broderies anglaises sont d'une finesse remarquable.

MISS HERMILLE.

Very true, ma'am, but fashion is a tyrant to whom we must submit. Will you try on these night-caps? they fit perfectly. Here are some short-gowns of a very pretty shape. This English work is remarkably fine.

MME. DARVILLE.

Je préfère celles qui sont garnies de Valenciennes, c'est toujours joli. Vous en ferez faire six pour ma fille, et nous

MRS. DARVILLE.

I prefer those which are trimmed with Valenciennes lace, it is always pretty. You will have six of these made for

en choisirons six d'un autre genre.

my daughter, and we will select six of another style.

Mlle. Hermille.

J'ai dans cet autre carton des choses ravissantes; des cols en guipure, en application, et d'un prix très modéré. Voici des manches tout-à-fait nouvelles; j'en ai vendu de semblables à Madame de Brevannes ce matin.

Miss Hermille.

I have some beautiful things in this box; guipure and point-lace collars, and at a very low price. These sleeves are in the last fashion; I sold a pair similar to them to Madame de Brevannes this morning.

Mme. Darville.

Oui, tout cela est très joli; je prendrai ces deux cols et ces trois paires de manches. Marie, choisis ce qui peut t'être agréable; c'est un peu vieille femme ce que tu tiens là; voici quelque chose de plus élégant.

Mrs. Darville.

Yes, they are all pretty; I will take these two collars, and these three pair of sleeves. Marie, select whatever you fancy; that is rather old womanish for you, here is something much prettier.

Mlle. Hermille.

Madame voudrait-elle des mouchoirs? on en porte beaucoup de festonnés avec un assez grand chiffre.

Miss Hermille.

Would you like some pocket-handkerchiefs? many of them are scolloped, with large initials worked in the corner.

Marie.

Maman, il m'en faudrait deux ou trois douzaines.

Marie.

Mamma, I would like two or three dozens of them.

Mme. Darville.

Eh bien! Mlle. Hermille te

Mrs. Darville.

Well! Miss Hermille will

fera faire tout cela ; voici une belle Malines dont je voudrais faire faire un col ouvert et des manches ; cette vieille application pourrait aussi servir.

have all that made for you ; here is a fine Mechlin lace of which I would like to make an open collar and sleeves ; this old point-lace might also be used.

MLLE. HERMILLE.

Oui, madame peut se fier à moi ; je m'en occuperai en conscience ; tout cela sera prêt dans une dizaine de jours. Bonjour, madame ; mademoiselle je vous salue.

MISS HERMILLE.

Yes, ma'am, you can trust me ; I will attend to your commands with the utmost care ; they will be finished in about ten days. Good morning, ma'am ; good bye, Miss Darville.

MME. DARVILLE.
Bonjour.

MRS. DARVILLE.
Good morning.

CHAPITRE V.

MME. DARVILLE.—MARIE.—SUZETTE.

CHAPTER V.

MRS. DARVILLE.—MARIE.—SUZETTE.

MME. DARVILLE.

Suzette, donnez-moi mon tricot ; Marie, mets-toi à ce secrétaire, je vais te dicter deux billets que Suzette ira porter à leur destination : vous passerez ensuite chez Mme. de Baisieux la prier de m'envoyer la robe

MRS. DARVILLE.

Suzette, give me my knitting ; Marie, sit down at that secretary ; I will dictate two notes to you, which Suzette will deliver : you will then call at Mme. de Baisieux, and beg her to send my daughter's blue dress to-

bleue de ma fille, demain sans faute. En rentrant, vous m'achèterez une livre de chocolat praliné et une bouteille d'orgeat chez Boissier.

morrow, without fail. Coming home, stop at Boissier's, and buy me a pound of *chocolat praliné* and a bottle of orgeat syrup.

SUZETTE.

Je vais mettre mon chapeau pendant que mademoiselle écrit.

SUZETTE.

I will put on my bonnet while Miss Marie is writing.

MARIE.

Je suis prête, maman.

MARIE.

I am ready, mamma.

MME. DARVILLE (*dictant*).

Madame Darville prie Monsieur Odiot de lui envoyer, ce matin, le petit service en vermeil qu'elle a choisi chez lui hier.

Ce Vendredi,
    Hôtel de Hollande.

MRS. DARVILLE (*dictating*).

Mrs. Darville begs of Mr. Odiot to send her, this morning, the small silver-gilt set, which she selected yesterday.

Friday,
    Hôtel de Hollande.

MARIE.

Est-ce celui que tu dois donner à Laure comme cadeau de noce ?

MARIE.

Is it the one you are going to give Laura as a wedding present ?

MME. DARVILLE.

Oui, je veux consulter Charles ; il a beaucoup de goût.

MRS. DARVILLE.

Yes, I want to have Charles' opinion ; he has very good taste.

MARIE.

Et l'autre billet, maman ?

MARIE.

I am ready for the other note, mamma.

Mme. Darville.

Mon cher Docteur,

Je suis un peu souffrante; soyez assez bon pour venir me voir, demain, dans la matinée. Agréez l'assurance de ma sincère considération.

Je signerai moi-même.

Mrs. Darville.

My dear Doctor,

I am a little complaining; will you be kind enough to call here to-morrow morning.

Yours sincerely,

I will sign it myself.

Marie (*se levant*).

Tu es donc souffrante, chère mère? tu ne me le disais pas, et moi qui ne m'en étais pas aperçue; c'est vrai, tu es bien pâle.

Marie (*rising*).

You are ill, dear mother, and did not mention it to me; and I never noticed it; you are very pale.

Mme. Darville.

Ce n'est rien du tout; ces jours-ci, j'ai eu des palpitations; le Docteur me donnera sans doute quelque léger calmant; et puis c'est un peu pour avoir le plaisir de le voir que je l'envoie chercher, car c'est un ancien ami de ton père.

Mrs. Darville.

It is nothing at all; I have suffered from palpitations these few days past; the Doctor will probably give me some composing draught; it is partly to have the pleasure of seeing him, that I send for him; he was an old friend of your father's.

Marie.

Oui, un excellent ami; il lui a sauvé la vie une fois. Que n'était-il à Vogerolles il y a cinq ans? Mon Dieu! mon père serait peut-être encore avec nous!

Marie.

Yes, a devoted friend; he saved his life once. Oh! why was he not at Vogerolles years ago? my father might still have been alive!

Mme. Darville.

La Providence en a ordonné autrement, hélas! Nous devons nous soumettre à ses décrets, mon enfant; mais il faut bien de la force, bien du courage; Dieu seul peut nous en donner!

Mrs. Darville.

Providence has otherwise ordained, alas! We must submit to its decrees, my child; but it requires an immense amount of courage, of strength; from God alone can we obtain it!

Suzette.

Je suis prête, madame.

Suzette.

I am ready, ma'am.

Mme. Darville.

Tenez, voici les deux billets: ne vous trompez pas d'adresse. Marie, il est une heure; M. Ascher sera ici dans quelques minutes pour te donner ta leçon. Va au piano, j'irai travailler près de toi, ou plutôt je vais lire les *Débats*.

Mrs. Darville.

Here are the two notes: do not mistake the directions. Marie, it is one o'clock; Mr. Ascher will be here in a few minutes to give you your lesson. Go to the piano, I will take my work and sit near you, or rather I think I will read the *Journal des Débats*.

Bonchamp.

M. Ascher est au salon.

Bonchamp.

Mr. Ascher is in the parlor.

Mme. Darville.—Mme. de Parnes.—Marie.—Laure.—Suzette.—Bonchamp.

Mrs. Darville.—Mme. de Parnes.—Marie.—Laura.—Suzette.—Bonchamp.

Mme. Darville.

Suzette, ma fille est-elle prête? il est trois heures.

Mrs. Darville.

Suzette, is my daughter ready? it is three o'clock.

Suzette.

Mademoiselle met son chapeau,—la voici.

Suzette.

She is putting on her bonnet, —here she is.

Marie.

Me trouves-tu bien ainsi, chère mère ?

Marie.

Do I look well, mother?

Mme. Darville.

Très bien, mon enfant ; mais il te faut un châle ; ce mantelet est trop léger pour la saison.

Mrs. Darville.

Very well, darling ; but you must have a shawl ; this mantilla is not warm enough for the season.

Marie.

Un châle cachera ma jolie toilette ; je suis bien sûre que Laure sera magnifique. Voilà ces dames. Oh ! la délicieuse calèche ! les beaux chevaux ! Charles prétend que l'attelage de mon oncle de Parnes est un des plus beaux de Paris ; viens donc voir, maman.

Marie.

A shawl will hide my pretty toilet ; I am sure Laura will be beautifully dressed. Here are the ladies. Oh ! what a beautiful open carriage ! what fine horses ! Charles maintains that my uncle de Parnes' horses are among the handsomest in Paris ; come and see, mamma.

Bonchamp (*annonçant*).

Madame et Mademoiselle de Parnes.

Bonchamp (*announcing*).

Madame and Mademoiselle de Parnes.

Mme. de Parnes.

Bonjour, mes chères amies. Marie, venez m'embrasser ; voyous la toilette, pas mal ; oh ! cela promet ; vous avez déjà

Mme. de Parnes.

Good morning, dear friends ; come and kiss me, Marie ; let me examine your toilet ; pretty fair ; very promising ; you have une petite tournure parisienne ; encore quinze jours, et ce sera á s'y méprendre. Mais votre chapeau est trop grand ; il faut vous faire coiffer chez Baudran : et vous, ma sœur ? toujours du noir ; je vois que vous êtes incorrigible.

already acquired the style of a Parisian ; in two weeks more you will be taken for one. But your bonnet is too large, you must have one made at Baudran's : and you, sister ; still in mourning ? I see you are incorrigible.

Mme. Darville.

Oui, cela me convient sous tous les rapports. Laure, mon enfant, tu as l'air bien sérieux ; qu'as-tu donc ce matin ?

Mrs. Darville.

Yes, it suits me in every respect. Laura, my child, you are very serious ; what is the matter with you this morning ?

Laure.

Rien, ma tante, une petite migraine.

Laura.

Nothing, aunt, I have a slight headache.

Mme. de Parnes.

Laure est de mauvaise humeür, parce que, dans tout Paris, il a été impossible de trouver assez de bruyère rose pour lui garnir une robe de bal. Comme vous voyez, c'est un grand malheur ! Mais partons, mesdames ; il est tard.

Mme. de Parnes.

Laura is out of sorts, because it has been impossible to find in all Paris a sufficient quantity of pink heath to trim a ball-dress. As you may perceive, the misfortune is great ! But come, ladies ; it is getting late.

CHAPITRE VI.

La Promenade en voiture.

———

Mme. de Parnes.—Mme. Darville.
—Laure.—Marie. — Charles.—
M. de Forlis.

———

Mme. Darville.

Quelle charmante voiture! on y est à merveille; avec un temps comme celui-ci, une promenade au Bois de Boulogne est un vrai plaisir.

Mme. de Parnes.

Oui, mais on s'en fatigue à la longue; souvent je sors pour promener mes ennuis.

Mme. Darville.

Pauvre amie! je te plains.—Comme le jardin des Tuileries est beau aujourd'hui! quel luxe de toilette!

Marie.

Oh! maman, voilà l'obélisque dont j'ai tant entendu parler; dire que cela vient d'E-

CHAPTER VI.

The Drive.

———

Mme. de Parnes.—Mrs. Darville.
—Laura.—Marie. — Charles.—
M. de Forlis.

———

Mrs. Darville.

What a delightful carriage! it is so comfortable; with such fine weather as this, a drive to the *Bois de Boulogne* is very agreeable.

Mme. de Parnes.

Yes, but one tires of it with time; I often drive out to dissipate my *ennui.*

Mrs. Darville.

I pity you, dear friend.—How beautiful the *Tuileries* are to-day! so many elegant dresses!

Marie.

Oh! mamma, here is the obelisk of which I have heard so much; is it not wonderful,

gypte, n'est-ce pas merveilleux, Laure ? C'est cependant à ce charmant Prince de Joinville que nous devons cette belle acquisition. La vieille Egypte au milieu de notre siècle de civilisation ; quel singulier destin !

Laura, that this should have been brought from Egypt ? Well, we owe this valuable acquisition to that noble Prince de Joinville. Old Egypt in the midst of this age of civilization ; what a singular fate !

LAURE.

Oh ! pour le quart d'heure, je m'occupe fort peu de l'Egypte et encore moins du Prince de Joinville ; tu oublies sans doute notre vieille haine héréditaire pour la maison d'Orléans. Maman, que dirait M. de Montreuil s'il entendait ma cousine ?

LAURA.

Oh ! for the present, I take very little interest in Egypt, and still less in the Prince de Joinville ; you have, I suppose, forgotten our old hereditary hatred for the Orleans family. Mamma, what would Mr. de Montreuil say, if he heard my cousin express such an opinion ?

MME. DE PARNES.

Il ne serait pas content, car c'est un légitimiste enragé ; il est vrai qu'il pardonnerait volontiers, à Marie, ses opinions politiques, en faveur de ses beaux yeux. Savez-vous, ma sœur, que votre Charles est un républicain dangereux ; hier au soir, il discutait avec mon mari avec beaucoup de chaleur.

MADAME DE PARNES.

He would not be pleased, for he is a great legitimist ; however, he would willingly forgive Marie's political opinions, in consideration of her bright eyes. Do you know, sister, that your son Charles is a dangerous republican ? last evening he was discussing the subject, with my husband, with great warmth.

MME. DARVILLE.

Oui, quelquefois, Marie et lui sont au moment de se battre

MRS. DARVILLE.

Yes, Marie and he are sometimes ready to fight a duel

en duel; car elle a une grande admiration pour l'empereur.

about it; she is a great admirer of the emperor.

MARIE.

Dis plutôt pour l'impératrice, maman; elle est si belle et si bonne! si nous pouvions la rencontrer aujourd'hui. Ah! voilà Charles et son nouvel ami dans leur *Américaine*.

MARIE.

You mean the empress, mamma; she is so beautiful, and so good! I wish we could meet her to-day. Ah! here are Charles and his friend, in their American wagon.

CHARLES (*saluant*).

Ma tante, charmé de vous voir. Mlle. Laure, votre très humble; Forlis, vos chevaux sont terribles! Adieu, nous nous retrouverons au Bois; ces enragés ne veulent pas s'arrêter un instant.

CHARLES (*bowing*).

Good morning, aunt. Miss Laura, your most obedient. Forlis, your horses are terrible! Farewell, we will meet at the Bois; these horses will not stand an instant.

MME. DARVILLE.

Mon Dieu! ils vont se tuer —Charles!—Charles!

MRS. DARVILLE.

Good gracious! they will be killed!—Charles!—Charles!

MME. DE PARNES.

Soyez sans inquiétude, le marquis conduit à merveille; c'est un charmant garçon, fort riche; il veut se marier, et m'a chargée de lui chercher une femme; ce serait un beau parti pour notre petite Marie; quelle délicieuse marquise elle ferait! nous en reparlerons.

MADAME DE PARNES.

Do not be uneasy, the marquis is a capital driver; he is a fine fellow! very wealthy! and is anxious to marry: he has requested me to find him a wife; this would be an excellent match for our little Marie: what an exquisite marchioness she would be! We will talk it over.

LAURE.

Voilà la Vicomtesse de Varennes, une de nos élégantes; son coupé est d'un goût charmant; mais je préfère la livrée de Mme. Mercourt, cette ravissante petite personne en robe de moire et chapeau blanc qui passe à droite; elle a les plus beaux diamants de Paris.

MARIE.

Quel monde! quel luxe! c'est superbe! mais cette file m'ennuie; moi qui suis habituée au grand galop à la campagne. Ah! nous voilà dans le Bois; les arbres sont encore verts. Laure veux-tu que nous descendions de voiture pour marcher un peu dans les allées?

LAURE.

Non, merci, je craindrais la poussière.

MARIE.

Laure, Laure, tu es l'esclave de ton chapeau. Oh! voilà l'impératrice. Arrêtons-nous un instant, ma tante, pour la voir passer. Elle est charmante, comme elle monte bien, et quelle jolie toilette; je ne com-

LAURA.

Here is the Vicountess de Varennes, one of our fashionables; her *coupé* is beautiful; but I prefer the livery of Madame Mercourt, that lovely little person in a moire dress and white bonnet on our right; her diamonds are the finest in Paris.

MARIE.

What a crowd! what extravagance! it is splendid; but this file is tiresome, when one is accustomed to the fast pace of the country. Ah! here we are in the Bois; the trees are still green. Laura, shall we get out of the carriage to take a run in the walks?

LAURA.

Thank you, I should be covered with dust.

MARIE.

Laura, Laura, you are the slave of your bonnet. Oh! here is the empress. Aunt, do allow us to stop a moment to see her pass. She is sweet! how beautifully she rides, how elegant her dress is! I cannot

prends pas que toute la nation française ne lui soit pas dévouée. Charles! à la bonne heure, monsieur, vous avez salué votre souveraine.

CHARLES.

Je salue toujours les dames, surtout quand elles sont jolies. Ma mère, permettez-moi de vous présenter mon ami le Marquis de Forlis; ma sœur, M. de Forlis; je crois que vous avez l'honneur de connaître Madame et Mademoiselle de Parnes.

M. DE FORLIS.

Madame la comtesse a la bonté de m'accorder un peu d'amitié.

MME. DE PARNES.

Oui, oui, beaucoup. A propos, M. de Forlis, n'oubliez pas que je vous attends à dîner Jeudi.

M. DE FORLIS.

J'aurai l'honneur de me rendre à votre aimable invitation, madame, si toutefois Mlle. Laure veut bien me le permettre; car

2°

understand that all the French nation should not be devoted to her. Charles! all right, sir, you bowed to your sovereign.

CHARLES.

I always bow to ladies, particularly when they are pretty. Mother, allow me to introduce the Marquis de Forlis to you; my sister, M. de Forlis; I believe you are acquainted with Madame and Mademoiselle de Parnes.

M. DE FORLIS.

The countess is kind enough to honor me with a slight friendship.

MADAME DE PARNES.

Yes, with a great deal. M. de Forlis, do not forget that I expect you to dinner on Thursday.

M. DE FORLIS.

I shall have the honor of waiting upon you, madam; that is, if Miss Laura will allow me to do so; since I won that race

depuis la victoire que j'ai remportée aux courses sur Montreuil, nous ne sommes pas les meilleurs amis du monde.

from Montreuil, we are not the best friends in the world.

LAURE.

Vous vous trompez, monsieur le marquis; je ne crois pas avoir jamais exprimé une opinion à cet égard; d'ailleurs, il ne serait pas étonnant de me voir m'intéresser à ce pauvre Biron, qui a été battu deux fois par votre Victoria.

LAURA.

You are mistaken, sir; I am not aware of having ever expressed an opinion on the subject; besides, it would not be surprising that I should take an interest in poor Biron, who has been beaten twice by your Victoria.

M. DE FORLIS.

Sans doute, aussi je trouve ridicule à Montreuil de s'obstiner à vouloir le faire courir encore le 20, au Champ-de-Mars, contre Victoria.

M. DE FORLIS.

Certainly, and therefore I think it very ridiculous in Montreuil to insist upon running him again on the 20th, at the *Champ-de-Mars*, against Victoria.

LAURE.

Je le raisonnerai là dessus.

LAURA.

I will argue the point with him.

MME. DARVILLE.

Quelle est cette jolie personne qui se promène là-bas, suivie d'un valet de pied? elle a beaucoup de distinction.

MRS. DARVILLE.

Who is that pretty woman walking over there, followed by a footman? She is very genteel in her appearance.

MME. DE PARNES.

C'est la jeune Duchesse de

MADAME DE PARNES.

That is the young Duchess

Lussan, une cousine de M. de Forlis ; elle a le plus joli sourire du monde. Tenez, cette élégante qui remonte en voiture à gauche, c'est Mlle. Lefèvre de l'Opéra-Comique.

de Lussan, a cousin of M. de Forlis ; she has the sweetest smile. Look on the left, at that stylish-looking person who is stepping into her carriage ; it is Mlle. Lefevre, an actress of the Opera-Comique.

Mme. Darville.

Allons, ma sœur, il est temps de continuer notre promenade ; il doit être cinq heures ; j'ai demandé le dîner plus tôt qu'à l'ordinaire, afin de pouvoir mener Marie au Gymnase.

Mrs. Darville.

Sister, it is time to continue our drive ; it must be five o'clock ; I ordered dinner earlier than usual that I might take Marie to the Gymnase.

Mme. de Parnes.

Messieurs, au plaisir de vous revoir. (*Au valet de pied*), Jacques, à l'Hôtel de Hollande.

(*Les jeunes gens saluent, et reprennent la route de Paris.*)

Madame de Parnes.

Good morning, gentlemen. (*To the footman*), James, drive to the Hotel de Hollande.

(*The young men bow to the ladies, and drive towards Paris.*)

Mme. de Parnes.

Quel beau garçon que ce Charles ! Laure, c'est fort heureux que ton cousin soit arrivé après ton engagement avec Alfred de Montreuil ; j'aurais été bien tentée l'avoir pour gendre.

Madame de Parnes.

What a handsome fellow Charles is ! it is a fortunate thing, Laura, that you were engaged to Alfred de Montreuil before your cousin came to Paris ; I should have been greatly tempted to have him for a son-in-law.

Mme. Darville.

Charles aime tendrement sa cousine ; mais il ne songe pas à se marier ; il n'a que vingt-deux ans, c'est trop jeune ; je voudrais même que Marie attendît plusieurs années avant de faire un choix. Commencer la vie à dix-huit ans, c'est selon moi une grande folie.

Mrs. Darville.

Charles is very much attached to his cousin ; but he does not dream of getting married ; he is only twenty-two—entirely too young. I would even wish Marie to wait several years. In my opinion, it is a great piece of folly to begin the trials of life at eighteen.

Marie.

Par exemple, maman, je crois vraiment que tu voudrais me voir vieille fille.

Marie.

Indeed, mamma, I really think you would like to make an old maid of me.

Mme. Darville.

Non, mais je voudrais que tu eusses un peu plus d'expérience, avant de te charger d'une mission aussi importante que celle-là.

Mrs. Darville.

No, but before undertaking so important a mission, I would wish you to possess more experience.

Laure (*riant*).

Mission, ma tante ? c'est un mot bien grave que vous employez là ; il va me donner à réfléchir ; car dans quinze jours, je dois entreprendre cette terrible mission.

Laura (*laughing*).

Mission, aunt ? what a powerfu. expression ! this will afford me matter for reflection, as I shall undertake that awful mission in a fortnight.

Mme. Darville.

Oui, mon enfant, une mission sacrée ; celle de veiller au bon-

Mrs. Darville.

Yes, dear child, a sacred mission ; to secure the happiness,

heur, au salut peut-être d'un de tes semblables, qui deviendra un autre toi-même.

perhaps the salvation of a fellow-being, who will become as a part of yourself.

Mme. de Parnes.

A Paris, on envisage la chose plus gaiement.

Madame de Parnes.

In Paris, we view the matter in a brighter light.

Mme. Darville.

On a tort peut-être. Tiens, Marie observe l'effet du soleil couchant sur l'Arc-de-Triomphe; c'est admirable!

Mrs. Darville.,

You may be wrong. Look, Marie, at the effect of the sun setting upon the *Arc-de-Triomphe;* how beautiful!

Marie.

Bien beau! mais pas comparable aux effets de lumière que j'ai vus en Touraine; c'était une pluie de rubis et de saphirs, que l'astre couchant versait sur nos plaines fleuries.

Marie.

Very fine! but not to be compared to the brilliant lights which I have seen in Touraine; it seemed as though the setting-sun had poured a shower of sapphires and rubies upon our flowery fields.

Laure (*riant*).

Charmant! parole d'honneur; mais tu aurais dû nous donner cette poétique comparaison devant M. de Forlis qui est légèrement romanesque. Quant à moi, je me contente du soleil levant de l'Opéra; dans le *Prophète*, par exemple, il est magnifique, et la voix de Roger ne nuit pas à l'effet.

Laura (*laughing*).

Very pretty, indeed; but you should have expressed that beautiful simile before M. de Forlis, who is slightly inclined to be romantic. For my part, I am satisfied with the sunrise at the Opera; in the *Prophet*, for instance, it is magnificent, and Roger's voice does not destroy the effect.

MARIE.

Ah! ma cousine, les roulades du rossignol valent bien celles de Roger.

MARIE.

Oh! cousin, the warbling of the nightingale can well compare with Roger's singing.

MME. DARVILLE.

Mes enfants, vous voilà rendues. Adieu, ma sœur, vous reverrai-je bientôt.

MRS. DARVILLE.

Here we are, my children. Farewell, sister : shall I see you soon again?

MME. DE PARNES.

Je vous attends à dîner Jeudi; demain, je dois m'occuper du trousseau de Laure. Marie, je viendrai vous chercher pour faire des emplettes; cela vous fera connaître un peu Paris.

MADAME DE PARNES.

I expect you to dinner on Thursday; to-morrow I must attend to Laura's outfit. Marie, I will call for you to go shopping; you will have an opportunity of seeing Paris.

CHAPITRE VII.

MME. DARVILLE.—SUZETTE.

MME. DARVILLE.

Que fait ma fille, Suzette? il est onze heures.

CHAPTER VII.

MRS. DARVILLE.—SUZETTE.

MRS. DARVILLE.

It is eleven o'clock, Suzette; what is my daughter doing?

SUZETTE.

Mademoiselle a déjà pris sa

SUZETTE.

She has already taken her

leçon d'anglais avec M. Charles; elle dessine dans ce moment-ci.

English lesson with Mr. Charles, and now she is drawing.

Mme. Darville.

Tant mieux; j'aime à la savoir occupée de choses utiles; car la vie que l'on mène ici est terriblement désœuvrée.

Mrs. Darville.

It gratifies me to see her occupied in a useful manner; for one leads a very idle life in this place.

Suzette.

Oh! oui, madame; combien je regrette nos bonnes journées de Vogerolles!

Suzette.

Oh! yes, ma'am; how much I regret our nice times at Vogerolles!

Mme. Darville.

Et moi aussi, mon enfant; mais nous y retournerons j'espère avant longtemps.

Mrs. Darville.

So do I, my child; but we will, I trust, soon return there.

Suzette.

Vraiment, madame?

Suzette.

Indeed, ma'am?

Mme. Darville.

Malheureusement, cela ne dépend pas entièrement de moi.

Mrs. Darville.

Unfortunately, it does not entirely depend upon me.

Les mêmes.—Marie.

The same.—Marie.

Marie.

Bonjour, maman.

Marie.

Good morning, mamma.

Mme. Darville.

Bonjour, chère fille ; n'es-tu pas fatiguée ce matin ?

Marie.

Non, j'ai tant dormi, tant rêvé à Rose Chéri, à Bressant, à cette délicieuse petite Luther, avec ses cheveux blonds ! comme je me suis bien amusée ! chère mère, me mèneras-tu encore bientôt au spectacle ?

Mme. Darville.

Ce soir aux Italiens ; après cela, il faudra te reposer pendant quelque temps ; il faut user, et non abuser des amusements ; autrement, le cœur et la santé s'en ressentent. Mon enfant, j'attends le Docteur ce matin ; tu vas aller avec Mme. Martin faire une longue promenade aux Tuileries ; à ton retour, je te mènerai chez Mme. Damoreau pour prendre ta leçon de chant.

Marie.

Oui, cela me reposera ; en rentrant, je m'arrêterai chez la mercière, pour choisir un nouveau dessin de Pouff ; tu sais le singulier tabouret que nous

Mrs. Darville.

Good morning, dearest ; are you not tired this morning ?

Marie.

Oh ! no, I slept so long ! I dreamt so much about Rose Chéri, Bressant, that sweet little Luther and her light curls ! how I enjoyed it ! Will you take me to the theatre soon again, mother ?

Mrs. Darville.

To-night we shall go to the Italian Opera ; after that, you must take a rest for some time : one must use enjoyment, but not abuse it, otherwise both heart and health will suffer from it. I expect the Doctor this morning. Darling, you must go with Mrs. Martin, to take a long walk at the Tuileries ; when you come home we will go to Mme. Damoreau's for your singing lesson.

Marie.

Yes, the walk will refresh me ; coming home, I will stop at the thread and needle store to select a new pattern for a Pouf ; you know that new-

avons vu chez Madame d'Ivry ?

fashioned seat, which we saw at Mme. d'Ivry's?

Mme. Darville.

Oui. J'entends la sonnette, c'est le médecin ; va mettre ton chapeau. (*Marie sort.*)

Mrs. Darville.

Yes. I hear the bell, it is the Doctor, no doubt ; go and get ready. (*Marie leaves the room.*)

Bonchamp (*annonçant*).

Le Docteur Taurin.

Bonchamp (*announcing*).

Doctor Taurin.

Mme. Darville.

Bonjour, mon cher Docteur ; comme je suis heureuse de vous voir !

Mrs. Darville.

Good morning, Doctor ; how delighted I am to see you !

Le Docteur Taurin.

Ah ! madame, ce bonheur est réciproque ; vous savez quel intérêt je vous porte, comme médecin, et comme ami.

Doctor Taurin.

The satisfaction is mutual, my dear madam ; you know what an interest I take in you, as a physician, and as a friend.

Mme. Darville.

J'en suis bien convaincue ; aussi cette fois, c'est plutôt comme ami, que comme médecin, que je voudrais vous consulter ; car je suis tout-à-fait seule à Paris.

Mrs. Darville.

I am fully convinced of it ; and this time, it is more as a friend, than as a physician, that I wish to consult you ; for I am quite alone in Paris.

Le Docteur Taurin.

Cependant, Mme. de Parnes, votre sœur, doit vous être d'un grand secours ?

Doctor Taurin.

I should think your sister, Mme. de Parnes, would be a great resource to you ?

Mme. Darville.

Beaucoup moins que vous ne pouvez le penser ; ayant vécu éloignées l'une de l'autre, notre manière de voir, nos goûts sont entièrement opposés. Pour aborder la question qui m'intéresse si vivement, il faut que je vous parle un peu du passé, dont vous connaissez déjà quelques pages. Vous avez connu mon père ; vous savez quelle affection il nous portait à Laure et à moi, et combien sa sollicitude fut grande à l'époque où il fallut songer à nous marier. Laure épousa M. de Parnes par ambition ; il avait une belle fortune, une position à la cour, qui pouvait flatter son orgueil ; mais il n'entra pas le plus léger sentiment dans cette union qui, tout en ménageant les apparences, a toujours été dépourvue d'amour. Pour moi, la mort eût été préférable ! mon imagination vive, exaltée, héritage du sang créole de ma mère, rêvait un autre avenir. Je fis un mariage d'amour, que ne désapprouva pas mon bon père ; car M. Darville, quoique sans fortune (j'en avais une considérable), avait une as-

Mrs. Darville.

Much less than you might suppose ; having been separated for many years, our tastes, our opinions, are entirely different. Before I mention the subject which interests me so particularly, I must refer to the past, with which you are somewhat acquainted. You knew my father ; how great was the affection which he bore Laura and myself, and what solicitude he felt, when the time had come for us to settle in life. Laura married M. de Parnes through ambitious motives ; he was wealthy, and held at court an office which was calculated to gratify her pride ; but there was not the least sentiment, no love, in their union, which, although apparently happy, has always been devoid of great affection. To me, death would have been preferable ! The enthusiastic imagination which I inherited from my mother, who was a creole, sought a very different fate. I married for love. My father did not disapprove of the match, as Mr. Darville, though not

sez belle position; c'était, vous le savez, un avocat distingué. Nous restâmes à Paris tant que mon père vécut. A l'époque de sa mort, mon mari venait de faire cette terrible maladie, pendant laquelle vous l'avez si bien soigné. Je n'eus pas de peine à l'engager à quitter Paris, pour nous établir à la campagne; je sentais combien cette vie calme et douce pouvait contribuer à prolonger son existence, et combien elle serait avantageuse à l'éducation de nos enfants. Je ne me trompai pas. Mes espérances ont été dépassées sous ce dernier rapport; mais hélas! je suis seule à jouir du fruit de notre ouvrage, et cela me brise le cœur!

in fortunate circumstances (*my fortune* was considerable) exercised an honorable profession —he was, you know, a distinguished lawyer. We remained in Paris until my father's death. It was then that my husband was taken with that violent disease, during which you attended him with so much care. I easily succeeded in persuading him to leave Paris, and settle in the country; I felt that a quiet and regular life would prolong his existence, and prove a great advantage to the education of our children. I was not mistaken, *they* far exceeded all my hopes; but alas! I am left alone, to reap the benefit of our united toil—the very thought breaks my heart!

Le Docteur Taurin.

Oui, j'ai appris avec une profonde sympathie votre immense malheur.

Doctor Taurin.

Yes, I was distressed to hear of your great bereavement.

Mme. Darville.

Et c'est surtout aujourd'hui que j'en sens toute l'étendue; car mon intérêt le plus cher, le bonheur de mes enfants, est en jeu.

Mrs. Darville.

And now, particularly, I feel the extent of my loss; for my dearest interest, the happiness of my children, is at stake.

Le Docteur Taurin.

Votre petite Marie est bien jolie, et, quant à Charles, j'ai été enchanté de lui à ma dernière visite.

Mme. Darville.

Ce sont d'excellents enfants, mais leur éducation simple et pure ne les a pas préparés au contact du monde. Il y a un an que ma sœur me prie de venir faire un séjour à Paris. Marie était émerveillée des descriptions que nous donnaient sa tante et sa cousine. J'ai résisté autant que possible ; enfin, il a fallu céder. Laure se mariant, je ne pouvais refuser de venir assister à son mariage. Depuis notre arrivée, il n'est question que de bals, de spectacles ! Marie est ravie, et sa tante fait son possible pour nous engager à nous établir ici. Elle voudrait marier ma fille dans sa société ; son influence sur elle est très-grande ; mais ce n'est pas là l'avenir que j'avais rêvé pour mon enfant !

Doctor Taurin.

Your daughter is very pretty ; and I was delighted with Charles the last time I was here.

Mrs. Darville.

They are excellent children, but their simple, innocent education, has ill-fitted them for contact with the world. For the last year, my sister has begged of me to make a visit to Paris. Marie was dazzled by the descriptions she received from her aunt and cousin. I resisted as long as possible, but at last I had to give up. Laura is to be married very soon : I could not refuse to be present at her wedding. Since our arrival here, nothing is thought of but balls and theatres. Marie is delighted, and her aunt makes every attempt to induce us to remain here. She would like my daughter to marry in her own circle ; her influence with her is very great ; but that is not the fate I had anticipated for my child !

Le Docteur Taurin.

Vous aviez donc quelque projet arrêté avant de venir à Paris ?

Mme. Darville.

Oui, et non. Vous avez vu, je crois, lors de cette courte visite que vous nous fîtes à Vogerolles, il y a quelques années, un ami de mon mari, le général Bertrand, homme d'un grand mérite, que nous affectionnons beaucoup. Il a perdu, il y a dix ans, une sœur chérie, qui en mourant lui a confié son fils unique. Le général s'est dévoué corps et âme à son neveu ; il a surveillé son éducation, lui a formé le cœur, et, quand il a été homme, il l'a mis à même d'entrer dans une belle carrière. George a fait son droit à Paris, y a obtenu de brillants succès, ét maintenant il est avocat à Tours. C'est un jeune homme plein d'espérances, qui rendrait Marie bien heureuse ; la vie serait pour elle un doux rêve de bonheur. Mais, hélas ! il n'y faut plus songer ; je ne peux pas contraindre ma fille à épouser George, et elle ne veut pas entendre parler de lui ; elle

Doctor Taurin.

Had you made any plans for the future, before you came to Paris ?

Mrs. Darville.

Not exactly. You became acquainted, I believe, during the short visit which you made us some years ago at Vogerolles, with General Bertrand, a friend of my husband, a man of intrinsic merit, to whom we are sincerely attached. About ten years ago he lost a beloved sister, who on her death-bed confided her only son to him. The general has been devoted to his nephew ; he superintended his education, directed his mind in the proper path, and, when he became a man, he furnished him with the means of entering upon an honorable career ; he studied law in this city, was very successful, and now he is practising at Tours. George is a very promising young man, and would make Marie very happy ; her life would be a long dream of bliss. But, alas ! I must think of it no more. I cannot compel my daughter to marry him,

le trouve provincial—et vous savez qu'à Paris c'est un terrible défaut.

and she will not hear to it; she thinks his manners provincial—that, in Paris, you know, is a terrible stain on one's character.

Le Docteur Taurin.

Mais, ma bonne Madame Darville, si nous usions un peu de ruse, nous pourrions remporter la victoire. Il faudrait que ce jeune homme vînt à Paris; en le comparant à nos élégants, Marie le trouverait peut-être beaucoup plus à son goût; on pourrait aussi faire entendre raison à Mme. de Parnes. Tout cela ne me parait pas impossible!

Doctor Taurin.

But, my dear madam, suppose we act with a little cunning? we might carry the day. The young man must come to Paris; Marie will probably like him much better when she has an opportunity of comparing him to our insignificant dandies. Perhaps Mme. de Parnes could also be reasoned with. This does not appear impossible to me.

Mme. Darville.

Non, mais bien difficile. Du reste, j'attends ces messieurs dans quelques jours; le vieux général nous a donné rendez-vous aux Trois Frères Provençaux; c'est un gourmet. Quel sera son désespoir quand il apprendra que sa petite Marie, qu'il appelle déjà sa fille, va devenir Marquise de Forlis!

Mrs. Darville.

No, but very difficult. At all events, I expect these gentlemen in a few days. We are to meet at the Trois Frères Provençaux; the old general is quite an epicure. How distressed he will be to hear that his little Marie, whom he already calls his child, is to become Marchioness de Forlis!

Le Docteur Taurin.

Forlis! Forlis! Attendez,—

Doctor Taurin.

Forlis! Forlis! One moment:

je connais cela ; j'ai donné des soins, il y a quelques années, à une vieille dame de ce nom ; s'il m'en souvient bien, c'était une assez revêche douairière. Mais je prendrai des informations, et, duc ou marquis, ce monsieur n'aura pas notre enfant, s'il n'est digne d'elle. Je me battrai plutôt en duel avec Mme. de Parnes.

I know that name. Some years ago I attended an old lady so called ; if I well remember, she was a cross old dowager. But I will inquire about it ; and, be he a duke or a marquis, if the gentleman is not worthy of our child, he shall not have her. I would sooner fight a duel about it with Mme. de Parnes.

Mrs. Darville.

Vous me soulagez le cœur d'un poids immense, mon cher docteur ; car si j'avais la conviction que ce jeune homme fût indigne de ma fille, je m'opposerais formellement au mariage.

Mrs. Darville.

You relieve my heart of an immense weight of care, my dear doctor ; for if I were convinced that the young man was unworthy of my daughter, I would most positively oppose the match.

Le Docteur Taurin.

Comment ! déjà midi ! Moi qui ai une consultation dans une demi-heure ! Voyez comme la conspiration a de l'attrait, surtout quand les complices sont si aimables.

Doctor Taurin.

What ! twelve o'clock already ! and I have a consultation in half an hour ! How fascinating conspiracies are, particularly when the conspirators are so agreeable.

Mme. Darville.

Moi qui allais vous laisser partir sans vous demander des nouvelles de votre femme et de votre Amélie.

Mrs. Darville.

I was going to bid you farewell, without inquiring about your wife and your daughter Amelia.

Le Docteur Taurin.

Oh ! elle est bien mariée. Dieu merci ! elle n'avait ni assez de fortune ni assez de beauté pour nécessiter des conspirations.

Doctor Taurin.

Oh ! she is very well married. Thank heaven ! she was neither wealthy nor handsome enough to require conspiracies.

Mme. Darville.

Que vous êtes heureux ! A-dieu, docteur ; revenez me voir aussi souvent que possible. Si vous rencontrez Marie en sortant, donnez-lui un prétexte quelconque pour expliquer votre longue visite.

Mrs. Darville.

How fortunate you are ! Farewell, doctor ; come to see me as often as possible. If you meet Marie on your way down stairs, make use of some pretext or other to explain your long visit.

Le Docteur Taurin.

Soyez tranquille, chère madame ; la diplomatie est, vous le savez, une des branches de notre profession. Adieu, à bientôt.

Doctor Taurin.

Be perfectly easy, dear madam ; you know that diplomacy is one of the branches of our profession. Farewell, I will see you soon again.

Mme. Darville.—Marie.—Suzette.
—Bonchamp.

Mrs. Darville.—Marie.—Suzette.
—Bonchamp.

Mme. Darville (*sonnant*).

Bonchamp, avez-vous demandé la voiture pour une heure ?

Mrs. Darville (*ringing the bell*).

Bonchamp, did you order the carriage for one o'clock ?

Bonchamp.

Oui, madame. Vincent est prévenu.

Bonchamp.

Yes, ma'am. Vincent will be punctual.

Mme. Darville.

C'est bien. Ah! te voilà, mon enfant. As-tu joui de ta promenade?

Mrs. Darville.

Very well. Ah! here you are, dear. Did you enjoy your walk?

Marie.

Oui, chère mère; mais j'ai rencontré le docteur en rentrant, et sa longue visite m'inquiétait : il m'a rassurée en me disant qu'il vous avait consultée relativement au mariage d'une nièce qui l'intéresse beaucoup.

Marie.

Yes, mother. I met the doctor as I was coming in, and felt alarmed at his staying so long; but I was reassured when he told me that he had consulted you about the marriage of one of his nieces in whom he takes great interest.

Mme. Darville.

Oui. Allons, ma fille, va changer de toilette. Après ta leçon de chant, nous irons faire quelques visites. Ta tante a la migraine aujourd'hui; elle ne sortira pas avant ce soir, pour aller aux Italiens.

Mrs. Darville.

Yes. Go, now, and change your dress. After your lesson, we will make a few visits. Your aunt has a headache to-day; she will not go out before this evening, to go to the Italian opera.

Suzette.

Quelle toilette mademoiselle mettra-t-elle?

Suzette.

What will Miss Marie wear?

Madame Darville.

Sa robe de soie brune, son chapeau blanc, et sa rotonde en velours noir. Que ta chaussure et tes gants soient par-

Mrs. Darville.

Her brown silk dress, her white bonnet, and black velvet Talma. Let your shoes and gloves be perfectly neat; these

3

faitement frais, chère fille; c'est à cela que l'on reconnaît la femme comme il faut.

details of a lady's dress are sure signs of good breeding.

CHAPITRE VIII.

Les Italiens.

MME. DARVILLE.—MME. DE PARNES. —LAURE. — MARIE.— CHARLES.— M. DE FORLIS.—M. DE MONTREUIL. —UNE OUVREUSE.

CHARLES (*à l'ouvreuse*).

La loge de Mme. d'Ivry ?

L'OUVREUSE.

Par ici, monsieur. Numéro 9, à droite; ces dames seront très bien. Donnerai-je de petits bancs ?

CHARLES.

Oui. Entrez, mesdames.

MME. DARVILLE.

Marie, mets-toi sur le devant; Laure prendra la place à côté de toi; ta tante, Charles et moi, nous nous mettrons au fond.

CHAPTER VIII.

The Italian Opera.

MRS. DARVILLE.—MME. DE PARNES. —LAURA. — MARIE.— CHARLES. — M. DE FORLIS.—M. DE MONTREUIL. —A BOX-KEEPER.

CHARLES (*to the box-keeper*).

Show us to Mme. d'Ivry's box.

THE BOX-KEEPER.

This side, sir. No. 9, on the right; the ladies will be very comfortable. Shall I bring some foot-stools ?

CHARLES.

Yes. Walk in, ladies.

MRS. DARVILLE.

Marie, take that front seat; Laura will occupy the other; your aunt, Charles, and I, will take the back seats.

MARIE.

Quelle jolie salle ! comme on est bien assis. Charles, donne-moi la lorgnette : je veux voir le beau monde. Veux-tu nous demander un programme ?

MARIE.

What a beautiful house ! how comfortable the seats are ! Charles, hand me the opera-glass : I want to take a glimpse of the fashionables. Will you procure a bill for us ?

CHARLES.

Oui, marquise. Tiens, quelle toilette ! te voilà belle comme un astre !

CHARLES.

Yes, marchioness. Mercy, how fine we are ! as brilliant as the sun !

MARIE.

De grâce, mon frère, pas de plaisanteries ici ; c'est d'un bien mauvais genre. On frappe, c'est sans doute ma tante.

MARIE.

Pray, none of your jokes here, brother ; it is in such bad taste. I hear a knock, it must be aunt.

MME. DE PARNES.

Déjà rendues, mesdames ; vous êtes d'une exactitude tout-à-fait provinciale !

MME. DE PARNES.

What ! here already, ladies ; you are very punctual ; quite provincial !

LAURE.

Oui. Le faubourg St. Germain n'arrive jamais qu'au dernier moment, lorsque l'ouverture est commencée.

LAURA.

Yes. The faubourg St. Germain never comes until the last moment, when the overture is begun.

MME. DARVILLE.

Alors ils sacrifient la musique à la mode ; pauvres sots !

MRS. DARVILLE.

Then they sacrifice music to fashion ; how silly !

Mme. de Parnes.

Les Parisiens ne sont pas fous de musique ; c'est plutôt le bon ton, la mode qui les réunit ici.

Mme. de Parnes.

The Parisians are not passionately fond of music; they meet here rather for fashion's sake.

Marie.

Allons, mesdames, l'ouverture va commencer ; chère tante, pas un mot, je vous en supplie.

Marie.

Ladies, they are going to play the overture ; aunt, I pray you, not one word.

Mme. de Parnes.

Non, ma mignonne ; me voilà muette, comme le serait toute la Touraine à une représentation de Polichinelle.

Mme. de Parnes.

No, darling; I shall be as dumb as all Touraine would be at one of Punch's performances.

Charles.

Brava! brava! elle est délicieuse cette Cruvelli! et Graziani, quel charmant baryton!

Charles.

Brava! brava! Cruvelli is charming! and what a delightful barytone is Graziani!

Marie.

Il phrase d'une manière charmante.

Marie.

His method is perfect.

Laure.

Elle est bien mise cette Lucia ; maman, cela me donne une idée pour ma robe rose ; c'est assez élégant !

Laura.

Lucia's dress is pretty, mamma. That reminds me, that my pink one might be trimmed in the same way ; it is rather stylish.

Mme. de Parnes.

Oui, mais en conscience,

Mme. de Parnes.

Yes, but really Laura, it

Laure, il serait ridicule à vous de copier la toilette d'une actrice.

LAURE.

C'est vrai. Marie, voyons ton corsage !

MARIE.

Tout à l'heure. Quelle ravissante musique ! comme c'est bien joué ; pauvre Lucia ! quel sort !

LAURE.

Tu pleures, Marie ? c'est bien bourgeois.

MARIE.

C'est possible ; mais j'ai trop vécu à la campagne, dans l'intimité de la nature, pour ne pas être sensible à toutes les souffrances. Voyons, Laure, que veux-tu faire de mon corsage ?

LAURE.

Oh ! rien. (*A* M. DE FORLIS.) Bonsoir, monsieur ; avez-vous aperçu M. de Montreuil ?

M. DE FORLIS.

Mesdames, j'ai l'honneur de vous saluer ; Mademoiselle Lau-

would be ridiculous in you to imitate an actress.

LAURA.

Very true. Marie, let me look at the waist of your dress.

MARIE.

In a moment. What exquisite music ! how beautifully it is acted ; poor Lucy ! how sad her fate was !

LAURA.

What ! weeping, Marie ? how ungenteel.

MARIE.

That may be ; but I have lived too long in the country, in close contact with nature itself, to be insensible to its sufferings. Come, Laura, what do you wish to see about the waist of my dress ?

LAURA.

Oh ! nothing. (*To* M. DE FORLIS.) Good evening, sir ; have you seen M. de Montreuil ?

M. DE FORLIS.

Ladies, your most obedient ; Miss Laura, Montreuil is in the

re, Montreuil est pour le quart d'heure, dans le couloir, en discussion avec une fleuriste qui ne vous a pas remis un bouquet commandé par lui; cela vous explique son retard.

lobby, disputing with a florist who did not send you a bouquet which he ordered; this accounts for his being so late.

M. DE MONTREUIL.

Bonsoir, mesdames. Forlis vous a sans doute raconté mon aventure. Dans ce Paris, il est impossible d'obtenir ce que l'on veut; enfin, Mlle. Laure, vous serez obligée d'user de votre indulgence habituelle; demain, j'aurai l'honneur de vous envoyer tout ce qu'il y a de plus beau en fleurs à Paris. Mme. Prévost m'en a donné sa parole d'honneur.

M. DE MONTREUIL.

Good evening, ladies. Forlis has, I suppose, related my adventure to you; it is impossible to obtain what one wishes in Paris. Well, Miss Laura, you will be obliged to exercise your usual indulgence. To-morrow, I shall have the honor of sending you the most beautiful flowers in Paris. Mme. Prévost has given me her word of honor on the subject.

LAURE.

Vous êtes bien aimable; Marie, voilà un petit échantillon de la galanterie Parisienne.

LAURA.

You are very kind; Marie, this is a slight specimen of Parisian gallantry.

MARIE.

Je n'en ai jamais douté.

MARIE.

I never doubted it.

M. DE FORLIS (à Mme. DARVILLE).

Avez-vous été contente de l'opéra, madame? la Cruvelli

M. DE FORLIS (*to* Mrs. DARVILLE).

How do you like the opera, madam? Cruvelli has excited

a excité beaucoup d'enthousiasme; c'est une charmante cantatrice

a great deal of enthusiasm; she is a charming singer!

Mme. Darville.

J'en suis ravie, vraiment; et Gardoni m'a fait un plaisir extrême.

Mrs. Darville.

I am delighted with her; and I have really enjoyed Gardoni's singing.

Charles (*rentrant dans la loge*).

Je viens de voir une merveille de beauté! Forlis, dites-moi donc qui est cette ravissante jeune fille aux cheveux blonds dans la loge de Madame de Brevannes?

Charles (*re-entering the box*).

I have just seen a marvellous beauty! Forlis, tell me who is that lovely girl, with light hair, in Mme. de Brevannes' box?

M. de Forlis.

Je viens de faire la même question à Arthur de Brevannes; c'est une Américaine, Miss Howard, et c'est tout un roman que son histoire. Il paraît que sa mère a été élevée à Paris avec Mme. de Brevannes; amies de cœur, à la vie, à la mort. La jeune Américaine était retournée dans son pays et s'y était mariée. Deux ans après, elle se mourrait de la poitrine, laissant un pauvre petit enfant aux soins d'un père déjà délicat, qui n'a survécu qu'un an à sa femme. Bref, la petite Fan-

M. de Forlis.

I have just questioned Arthur de Brevannes on the subject; she is an American, Miss Howard, and her history quite a romance. It appears that her mother was educated in Paris with Mme. de Brevannes; they were bosom friends, devoted to each other. The young American girl returned to her own country and married. She died two years afterwards of consumption, leaving a poor little one to the care of an invalid father, who only survived his wife a year. Finally, the little

ny que vous voyez là est restée aux soins de sa grand'mère. Mme. de Brevannes a appris ces faits il y a un an seulement; n'ayant pas de fille à elle, la pensée d'élever l'enfant de son amie lui est venue; elle a fait toutes les démarches nécessaires; Arthur a même été à New-York pour plaider la cause de sa mère; enfin Mme. Howard la mère a consenti à céder sa petite-fille pour deux ans, à condition que celle-ci ne resterait à Paris que si elle s'y trouvait heureuse.

Fanny, whom you see there, remained in charge of her grand-mother. Mme. de Brevannes only heard of this a year ago; having no daughter, she thought of educating her friend's child. She took all the necessary measures; Arthur even went to New York to plead his mother's cause; at last, old Mrs. Howard consented to give up her grand-daughter for two years, upon condition that she should not remain in Paris if she were not happy.

Mme. de Parnes.

Et M. de Brevannes a trop bon goût pour laisser repartir cette gentille personne?

And M. de Brevannes, being a man of taste, will not allow that sweet girl to return to America.

M. de Forlis.

C'est présumable. Vous soupirez, Charles?

That is very probable. You sigh, Charles?

Charles.

Elle est si belle!

She is so beautiful!

Marie.

Chut, Charles, la toile se lève.

Silence, Charles, the curtain is rising.

MME. DE PARNES (*bas à* M. DE FORLIS).

Vous savez, marquis, que ma nièce est une amazone accomplie ; tâchez donc d'organiser avec Charles une partie de cheval.

MME. DE PARNES (*whispering to* M. DE FORLIS).

Marquis, you know my niece is a perfect horsewoman ; do try and get up a party with Charles.

M. DE FORLIS.

Je serais trop heureux, madame.

M. DE FORLIS.

I should be most happy, madam.

MARIE.

Comme c'est beau !

MARIE.

How beautiful !

MME. DARVILLE.

Cette musique m'a fait le plus grand plaisir. Marie, mets ta pelisse, couvres-toi bien.

MRS. DARVILLE.

I really have enjoyed this music. Marie, put on your cloak, wrap yourself up well.

M. DE FORLIS (*à* MME. DARVILLE).

Voulez-vous me permettre de vous offrir mon bras, madame ?

M. DE FORLIS (*to* MRS. DARVILLE).

Will you allow me to offer you my arm ?

MME. DARVILLE.

Merci, monsieur.

MRS. DARVILLE.

Thank you.

MME. DE PARNES.

Charles, apercevez-vous Jacques ?

MME. DE PARNES.

Charles, do you see James?

CHARLES.

Oui, ma tante ; le voici.

CHARLES.

Yes, aunt ; here he is.

3*

JACQUES.

La voiture de madame est avancée.

JAMES.

The carriage is on this side, ma'am.

M. DE MONTREUIL.

Bonsoir, mesdames.

M. DE MONTREUIL.

Good evening, ladies.

MME. DE PARNES.

A demain, à six heures.

MME. DE PARNES.

I shall expect you to-morrow at six o'clock.

MME. DARVILLE.

Bonsoir, messieurs.

MRS. DARVILLE.

Good evening, gentlemen.

JACQUES (*au cocher*).

A l'hôtel.

JAMES (*to the coachman*).

Home.

CHAPITRE IX.

L'HÔTEL DE PARNES,
Rue de Varennes,
Faubourg St. Germain.

CHAPTER IX.

THE HOTEL DE PARNES,
Rue de Varennes,
Faubourg St. Germain.

MME. DE PARNES. — LAURE. — ANTOINE.—JUSTINE.

MME. DE PARNES. — LAURA. — ANTHONY.—JUSTINE.

MME. DE PARNES.

C'est inconcevable que ma sœur n'ai pas le désir de ma-

MME. DE PARNES.

It is inconceivable that my sister should not be anxious to

rier sa fille à Paris. Avez-vous remarqué, hier au soir, combien elle était peu sensible aux attentions de M. de Forlis ?

settle her daughter in Paris! Did you notice how indifferent she appeared to all the attentions of M. de Forlis last evening ?

LAURE.

Oui, mais elles n'ont pas été perdues pour Marie ; et je sais que ma tante se laissera guider par l'inclination de sa fille.

LAURA.

Yes, but they were not lost on Marie ; and I know that aunt will be influenced by her daughter's inclination.

MME. DE PARNES.

Tant mieux, car en vérité ce serait dommage d'ensevelir tant de charmes dans le fond de la Touraine. Elle est si jolie ! Ses grands yeux bleus, ses magnifiques cheveux noirs et ce teint rose sont ravissants. Oh! Forlis en est très-amoureux. Cette fois, il faudra bien que la vieille marquise fasse remonter ses diamants.

MME. DE PARNES.

Very fortunately, for it would really be a pity to bury so much beauty in the backwoods of Touraine. She is so pretty! Those large blue eyes, that magnificent black hair, and that brilliant complexion, are bewitching. Oh ! Forlis is very much in love with her. This time, the old marchioness will be compelled to have her diamonds reset.

LAURE.

Savez-vous, maman, que ma cousine sera mieux posée dans le monde que moi ?

LAURA.

Do you know, mamma, that my cousin will occupy a higher rank in society than I shall ?

MME. DE PARNES.

La dot de Marie est beaucoup plus considérable que la vôtre. Pendant son séjour de

MME. DE PARNES.

Marie's dower is much larger than yours. During her residence of ten years in the coun-

dix ans à la campagne, ma sœur a presque doublé sa fortune ; et puisque vous ne pouvez être marquise, j'aime autant que ma nièce le soit.

try, my sister has almost doubled her fortune ; and as you cannot become a marchioness, I should like my niece to be one.

Laure.

Je ne vois pas en quoi cela peut nous être avantageux. Habituée aux façons bourgeoises de la province, Marie ne saura guère porter son titre.

Laura.

I do not see where the advantage lies. Accustomed to the common-place manners of the provinces, Marie will scarcely know how to bear her title.

Justine (*tenant une corbeille de fleurs*).

Le valet de chambre de M. de Montreuil vient d'apporter ces fleurs pour mademoiselle.

Justine (*carrying a basket of flowers*).

M. de Montreuil's servant has just brought these flowers for you, miss.

Laure.

C'est bien ; mettez-les dans le grand salon.

Laura.

Very well ; put them in the drawing-room.

Mme. de Parnes.

Pas un mot d'admiration ! vous êtes bien difficile, ma fille ; cette corbeille doit coûter au moins cent francs.

Mme. de Parnes.

Not one word of admiration, Laura ! you are fastidious ; this basket must have cost at least a hundred francs.

Laure.

Eh bien ! tant mieux pour Mme. Prévost.

Laura.

Well ! so much the better for Mme. Prévost, the florist.

Mme. de Parnes.

Justine, dites à Antoine de venir prendre mes ordres.

Mme. de Parnes.

Justine, tell Anthony to come and take my orders.

JUSTINE.

Oui, madame; quelle toilette préparerai-je pour ce soir?

MME. DE PARNES.

Ma robe de velours épinglé vert et mon bonnet garni de roses mousseuses; vous prendrez dans mon écrin ma parure d'émeraudes.

JUSTINE.

Et pour mademoiselle?

MME. DE PARNES.

Sa robe de gros de Naples rose à volants, sa coiffure en velours rose. Avez-vous fait dire au coiffeur d'être ici à cinq heures?

JUSTINE.

Oui, madame.

MME. DE PARNES.

Laure, avez-vous pensé à faire accorder le piano? Mme. de Lussan doit chanter avec vous. Lord Stanley aime passionément la musique; pour un Anglais, c'est étonnant! Il est vrai qu'il habite Paris depuis longtemps.

JUSTINE.

Yes, ma'am; what dress shall I prepare for this evening?

MME. DE PARNES.

My green uncut-velvet and my cap trimmed with moss-roses; you will take out the set of emeralds from my jewel-box.

JUSTINE.

And what will Miss Laura wear?

MME. DE PARNES.

Her pink silk with flounces, and her pink velvet head-dress. Did you order the hair-dresser for five o'clock?

JUSTINE.

Yes, ma'am.

MME. DE PARNES.

Laura, have you thought of having the piano tuned? Mme. de Lussan will sing with you. Lord Stanley is passionately fond of music; quite astonishing for an Englishman! It is true, he has lived in Paris a long time.

LAURE.

Le piano est parfaitement d'accord.

ANTOINE.

Madame désire me parler ?

MME. DE PARNES.

Oui, j'ai à vous donner quelques ordres pour ce soir. J'attends douze personnes à dîner. Servez comme à l'ordinaire à l'Italienne ; dites au chef que je suis contente de ce menu ; j'y ai fait un ou deux changements. Que le dessert soit bien fin ; pouvez-vous avoir de beaux fruits ?

ANTOINE.

Mademoiselle Justine m'avait dit, hier au soir, que madame attendait du monde. J'ai acheté des fruits superbes ce matin ; le chasselas est encore très beau ; les poires sont excellentes ; je servirai aussi à madame des fraises. Quant aux petits gâteaux et aux sucreries, j'en aurai une grande variété. Madame veut-elle un bouquet dans la corbeille de Sèvres ?

LAURA.

The piano is in perfect tune.

ANTHONY.

Do you wish to speak to me, ma'am ?

MME. DE PARNES.

Yes, I have a few orders to give you for this evening. I expect twelve persons to dinner. Let your service be done as usual in the Italian style ; tell the cook that the bill of fare he sent me will do. Let your dessert be composed of delicacies. Can you procure any good fruit ?

ANTHONY.

Miss Justine told me last evening, that you expected company. I bought some very fine fruit this morning ; the chasselas grapes are still good ; the pears are excellent ; I can also serve some strawberries, and a great variety of cakes and confectionery. Shall I put a bouquet in the basket of Sèvres porcelain ?

Mme. de Parnes.

Oui, cela plaît toujours à l'œil. Du reste, Antoine, je me fie entièrement à vous; en général vous servez très-bien.

Mme. de Parnes.

Yes, it is always pleasing to the eye. In all those matters I trust to you entirely, Anthony; you usually do the waiting very well.

Antoine.

Madame est trop bonne.

Anthony.

You are very kind, ma'am.

Madame de Parnes.

Passez chez monsieur, il vous donnera ses ordres relativement aux vins qu'il veut faire servir. Que Joseph, Jacques et Jean, soient en grande livrée.

Mme. de Parnes.

Go to M. de Parnes, he will give you his orders about the wines. Let Joseph, James, and John, be in full livery.

Antoine.

Oui, madame peut compter sur moi; elle sera satisfaite, je crois.

Anthony.

Yes, ma'am, you can depend upon me; I think you will be pleased with every thing.

Mme. de Parnes.

Justine, mon bain est-il prêt?

Mme. de Parnes.

Is my bath ready, Justine.

Justine.

Oui, madame. La couturière attend mademoiselle.

Justine.

Yes, ma'am. The mantua-maker is waiting for you, Miss Laura.

Laure.

Quel ennui! je voulais finir cete tapisserie. Dites-lui d'attendre un instant.

Laura.

How annoying! I wanted to finish this worsted work. Tell her to wait a moment.

CHAPITRE X.

Le Salon.

——————

Mme. de Parnes.—M. de Parnes.—Mme. Darville.—M. et Mme. de Lussan.—Laure.—Marie.—Charles.—M. de Forlis.—M. de Montreuil.—Lord Stanley.—M. Dorimont. — Antoine. — Trois Domestiques.

——————

Mme. de Parnes.

Laure, croyez-vous qu'il y ait assez de lumières dans ces salons ? J'ait fait éclairer la serre : on pourra s'y promener après dîner.

Laure.

Je ne trouve jamais qu'il y ait trop de lumière. (*Se regardant à la glace.*) Cette coiffure me défigure !

Mme. de Parnes.

Vous vous trompez, elle vous sied à ravir.

CHAPTER X.

The Drawing-Room.

——————

Mme. de Parnes.—M. de Parnes.—Mrs. Darville.—M. and Mme. de Lussan. — Laura. — Marie.—Charles.—M. de Forlis.—M. de Montreuil. — Lord Stanley. — Mr. Dorimont.—Anthony.—Three Servants.

——————

Mme. de Parnes.

Laura, do you think there is light enough in these parlors ? I have had the conservatory illuminated : we will walk through it after dinner.

Laura.

I never think there is too much light anywhere. (*Looking at herself in the mirror.*) This head-dress is disfiguring.

Mme. de Parnes.

You are mistaken, it is very becoming.

JACQUES (*annonçant*).

Madame et Mademoiselle Darville, Monsieur Darville.

JAMES (*announcing*).

Mrs. and Miss Darville, Mr. Darville.

MME. DE PARNES.

Bonsoir, mes toutes belles. Ah! ma petite Marie, vous voilà mise tout-à-fait à mon goût!

MME. DE PARNES.

Good evening. Ah! Marie, my dear, you are dressed according to my fancy!

M. DE PARNES.

Bon soir, ma bonne sœur. Me sera-t-il permis d'embrasser notre lys de Touraine?

M. DE PARNES.

Good evening, my dear sister. Can I take the liberty of kissing our Touraine lily?

MARIE.

Certainement, mon oncle; mais vous êtes un flatteur!

MARIE.

Of course, uncle; but you are a flatterer.

CHARLES (*à* LAURE).

Quel air soucieux, belle fiancée! Pourrait-on connaître le sujet de vos ennuis?

CHARLES (*to* LAURA).

What a solemn air, dear cousin! May I inquire the cause of your cares?

JACQUES (*annonçant*).

M. le comte de Montreuil.

JAMES (*announcing*).

The Count de Montreuil.

CHARLES.

Vous arrivez bien à propos, mon cher.

CHARLES.

You have come just in time, my dear fellow.

M. DE MONTREUIL.

J'ai l'honneur de vous présenter mes hommages, mesdames.

M. DE MONTREUIL.

Your most obedient, ladies.

Mme. de Parnes.

Nous avons reçu votre messager fleuri ce matin. Laure a été émerveillée de sa beauté.

Laure.

Oui, il est superbe; viens l'admirer, Marie.

Jacques (*annonçant*).

M. de Forlis, le général Dorimont.

M. de Parnes.

Bonsoir, messieurs; en vérité, général, nous sommes heureux de vous posséder; vous êtes rare comme les beaux jours, et vraiment si je n'eusse reçu certaines petites friandises du Midi, dont je vous sais amateur, je n'aurais pas osé troubler vos méditations.

M. Dorimont.

Que voulez-vous, mon cher ami; à mon âge, on se retire tout naturellement du monde, où l'on ne joue plus qu'un rôle insignifiant; je n'en apprécie que plus le bon souvenir de mes amis.

Mme. Darville.

J'ai bien regretté, monsieur,

Mme. de Parnes.

We received your flowery messenger this morning. Laura was dazzled by its beauty.

Laura.

Yes, it is perfect; Marie, come and admire it.

James (*announcing*).

M. de Forlis, General Dorimont.

M. de Parnes.

Good evening, gentlemen; really, General, it is truly gratifying to us to have your company, such a rare advantage! Had I not received sundry little dainties from the South, which I know you appreciate, I should not have dared to disturb your meditations.

Mr. Dorimont.

Well, my dear friend; at my time of life, one naturally retires from society, where one can take but an insignificant part; I therefore value the more the kind remembrance of my friends.

Mrs. Darville.

I regretted not having had

de n'avoir pas eu le plaisir de trouver Mme. Dorimont ce matin ; j'aurais été charmée de renouveler des relations dont j'ai conservé un si agréable souvenir.

the pleasure of meeting Mme. Dorimont this morning ; I should have been delighted to renew an acquaintance, of which I have retained so agreeable a souvenir.

M. DORIMONT.

C'eut été un vrai bonheur pour elle, madame.

MR. DORIMONT.

She would have been most happy to see you.

JACQUES (*annonçant*).
Lord Stanley.

JAMES (*announcing*).
Lord Stanley.

MME. DE PARNES.

Que je suis heureuse de vous voir, milord ; je craignais que vos nombreux devoirs ne nous privassent de ce plaisir.

MME. DE PARNES.

I am very happy to see you, my lord ; I feared that your many diplomatic duties would deprive us of that pleasure.

LORD STANLEY.

Il faudrait des circonstances bien extraordinaires, madame, pour m'empêcher de vous présenter mes hommages.

LORD STANLEY.

None, but very extraordinary circumstances, could deprive me of the honor of presenting my respects to you, madam.

JACQUES (*annonçant*).
M. le Duc et Mme. la Duchesse de Lussan.

JAMES (*announcing*).
The Duke and Duchess de Lussan.

MME. DE LUSSAN.

Je crains de vous avoir fait attendre, chère madame ; il m'est arrivé tout un chapitre

MME. DE LUSSAN.

I am afraid we are rather late, dear madam ; I met with a whole chapter of accidents,

d'accidents, et M. de Lussan n'est revenu à Paris qu'à quatre heures.

and M. de Lussan only returned to Paris at four o'clock.

MME. DE PARNES.

Vous nous raconterez tous vos malheurs à table ; je vois qu'ils n'ont pas eu de suites graves, car vous avez une mine charmante.

MME. DE PARNES.

You will relate it all to us at dinner ; I see your misfortunes have not been attended with any evil consequences, for you look remarkably well.

ANTOINE.

Madame est servie.

ANTHONY.

The dinner is ready.

M. DE PARNES (à MME. DE LUSSAN.

Permettez-moi de vous offrir mon bras.

M. DE PARNES (to MME. DE LUSSAN).

Allow me to offer you my arm.

MME. DE PARNES (au GÉNÉRAL DORIMONT).

Général, votre bras !

MME. DE PARNES (to GENERAL DORIMONT).

General, I will take your arm.

M. DORIMONT.

Trop heureux, chère madame.

MR. DORIMONT.

I am most happy, dear lady.

(*Les messieurs donnent le bras aux dames. On passe dans la salle à manger.*)

(*The gentlemen and ladies walk into the dining-room, arm in arm.*)

CHAPITRE XI.

Le Dîner.

LES MÊMES.

(La table est couverte de fruits, gâteaux, bonbons. Au centre, une belle corbeille de fleurs ; aux quatre angles, des réchauds en argent, sur lesquels sont posés les plats contenant les entrées. Le maître d'hôtel les enlève à mesure, les découpe sur un buffet, et présente le plat à chaque convive. Les vins sont servis à chaque service. Quatre domestiques en grande livrée, gros bleu.)

MME. DE PARNES.

Mme. de Lussan, veuillez-vous mettre à droite de M. de Parnes ; Mme. Darville à gauche. Général, je vous retiens à ma droite. Milord, de ce côté-ci ; M. de Forlis entre Mlle. Darville et ma fille. M.

CHAPTER XI.

The Dinner.

THE SAME.

(The table is covered with fruit, cakes, and confectioneries. In the centre stands a handsome porcelain basket filled with flowers. At the four corners are placed silver chafing-dishes, containing the viands. The steward removes these dishes successively, carves the viands, and hands them around to each guest. The wines are handed around with each course. Four servants in full dark-blue livery are in attendance.)

MME. DE PARNES.

Mme. de Lussan, will you sit on the right of M. de Parnes; Mrs. Darville on the left. General, I claim you on my right. Lord Stanley, pray take this seat ; M. de Forlis between Miss Darville and Laura. M.

de Montreuil, M. de Lussan, Charles, veuillez vous placer.

ANTOINE (*sert les potages à* MME. DE LUSSAN *et aux autres convives*).

Potage au Tapioca ou à la Cressy ?

MME. DE LUSSAN.

Au Tapioca.

MME. DE PARNES (*à* LORD STANLEY).

Milord, a-t-on un peu adopté notre manière de servir en Angleterre ?

LORD STANLEY.

Mais oui, madame, parmi les hautes classes; mais notre peuple anglais pourrait difficilement se passer de son roast-beef.

M. DE PARNES.

J'ai remarqué que dans votre pays, milord, on sait cuire le gibier à merveille.

LAURE.

Pas assez pour mon goût.

M. DORIMONT.

En général les dames n'ap-

de Montreuil, M. de Lussan, Charles, pray be seated.

ANTHONY (*serves the soup to* MME. DE LUSSAN *and to the other guests*).

Will you take some Tapioca or some Cressy soup ?

MME. DE LUSSAN.

Tapioca.

MME. DE PARNES (*to* LORD STANLEY).

Has our style of entertaining been adopted in England, my lord ?

LORD STANLEY.

Yes, in the higher classes; but our English people could not easily dispense with their roast-beef.

M. DE PARNES.

I have noticed that in your country, my lord, they cook game remarkably well.

LAURA.

Not sufficiently for my taste.

M. DORIMONT.

Generally speaking, ladies do

précient pas ces petites nuances de la gastronomie.

not appreciate those trifling shades of gastronomy.

ANTOINE (*à chaque convive*).

Filet de bœuf aux champignons ?

ANTHONY (*to each guest*).

Filet de bœuf aux champignons ?

M. DE FORLIS (*à* MARIE).

Avez-vous été au bois aujourd'hui, mademoiselle ? Je n'ai pas eu le bonheur de vous y rencontrer.

M. DE FORLIS (*to* MARIE).

Were you at the Bois de Boulogne to-day ? I had not the pleasure of meeting you.

MARIE.

Non, nous sommes allées faire quelques visites. Nous avons revu chez Mme. de Brevannes la charmante Américaine, Miss Howard.

MARIE.

No, we paid some visits. I met, at Mme. de Brevannes', that sweet American girl, Miss Howard.

M. DE MONTREUIL.

Est-elle aussi jolie au jour qu'à la lumière ?

M. DE MONTREUIL.

Is she as pretty by daylight as she is at night ?

MARIE.

Je l'ai trouvée encore plus jolie, car elle est gracieuse et parle supérieurement le français.

MARIE.

I thought her still prettier, for she is graceful and speaks French remarkably well.

MME. DE LUSSAN.

C'est une merveille !

MME. DE LUSSAN.

She is perfectly lovely !

JACQUES (*offrant du vin.*)
Mâcon ou Beaugency ?

JAMES (*handing wine around*).
Mâcon or Beaugency ?

M. DE LUSSAN.

Macon. Je connais la cave de M. de Parnes : ses vins sont excellents.

ANTOINE (*à chaque convive*).
Poularde aux truffes ?

CHARLES.

Eh bien ! Forlis, quand faisons-nous cette partie de cheval ?

M. DE FORLIS.

Quand cela conviendra à ces dames.

MME. DARVILLE.

Je n'ai pas encore donné mon consentement ; je suis terriblement craintive depuis mon arrivée à Paris.

M. DE PARNES.

Avec de bons chevaux, il n'y a pas le moindre danger. J'en ai deux que ces dames peuvent monter sans crainte. D'ailleurs, Marie est une excellente écuyère,—une véritable Anglaise, milord.

LORD STANLEY.

J'aurais bien du plaisir à

M. DE LUSSAN.

Macon. I know M. de Parnes' wines well : they are excellent.

ANTHONY (*to each guest*).
Poularde aux truffes ?

CHARLES.

Well, Forlis, when shall we take that ride ?

M. DE FORLIS.

Whenever it is agreeable to the ladies.

MRS. DARVILLE.

I have not yet given my consent ; since my arrival in Paris I have become very timid.

M. DE PARNES.

With safe horses, there is no danger. I have two, which these ladies can ride with perfect security. Besides, Marie is an excellent rider,—a true Englishwoman, my lord.

LORD STANLEY.

I should be most happy to

accompagner mademoiselle au Bois.

ANTOINE (*à chaque convive*).

Riz de veau aux petits pois ?

MME. DE PARNES (*à* MME. DE LUSSAN).

Contez-nous donc vos petites misères de la journée, ma chère duchesse.

MME. DE LUSSAN.

Oh ! cela offre peu d'intérêt. J'ai eu la maladresse de perdre mon King-Charles ce matin, et il a fallu pour le retrouver toute une série d'événements.

MME. DE PARNES.

Vous est-il enfin revenu ?

MME. DE LUSSAN.

Sans doute, autrement je n'aurais pas pu avoir le plaisir de dîner avec vous. Mon désespoir eût été affreux ! Général, vous souriez ; seriez-vous insensible aux malheurs de ce pauvre Trick ?

M. DORIMONT.

Non, certainement, madame,

accompany Miss Darville to the Bois.

ANTHONY (*to each guest*).

Riz de veau aux petits pois ?

MME. DE PARNES (*to* MME. DE LUSSAN).

Do give us an account of your mishaps to-day, my dear duchess.

MME. DE LUSSAN.

Oh ! they are very uninteresting. I foolishly lost my King Charles this morning, and a thousand difficulties were encountered before he could be found.

MME. DE PARNES.

Was he restored to you at last ?

MME. DE LUSSAN.

Undoubtedly, or I should not have had the pleasure of dining with you. My despair would have been terrific ! General, you smile ; can you be indifferent to poor Trick's misfortunes ?

MR. DORIMONT.

No, certainly, since he be-

puisqu'il vous appartient; mais j'ai trouvé votre expression tellement forte, comparée à la grosseur de ce petit individu, que je n'ai pu m'empêcher de sourire.

longs to you, madam; but your expression was so powerful, compared with the size of the little individual, that I could not help smiling.

MME. DE LUSSAN.

Général, vous ne connaissez pas Trick; vous ne pourriez lui refuser un tendre intérêt.

MME. DE LUSSAN.

General, you do not know Trick; if you did, you certainly would take great interest in him.

M. DORIMONT.

Je serai charmé de faire sa connaissance, madame.

MR. DORIMONT.

I should be most happy to make his acquaintance.

ANTOINE (*aux convives*).

Turbot, sauce à la crème?

ANTHONY (*to the guests*).

Turbot, sauce à la crème?

MME. DARVILLE (*à* M. DE LUSSAN).

Avez-vous été au Salon, monsieur? Il y a de fort belles choses.

MRS. DARVILLE (*to* M. DE LUSSAN).

Have you been to the exhibition of paintings, sir? There are many beautiful ones.

M. DE LUSSAN.

Pas encore, madame; mais j'ai entendu parler d'un tableau qui crée une grande sensation.

M. DE LUSSAN.

Not yet, madam; but I am told there is a painting which is creating a great sensation.

CHARLES.

Oui, c'est l'Ange Gardien, par un jeune artiste que personne ne connaît.

CHARLES.

Yes, it is the Guardian Angel, by a young artist whom no one knows.

M. DE FORLIS.

Si je ne craignais que l'on m'accusât de flatterie, je dirais que l'Ange ressemble beaucoup à Mademoiselle Darville.

M. DE FORLIS.

If I were not afraid of being accused of flattery, I would say that the Angel resembles Miss Darville.

CHARLES.

C'est vrai, Marie ; mais en très beau.

CHARLES.

True, Marie ; but much handsomer.

MARIE.

Heureusement, car j'aime assez la terre pour ne pas vouloir être ange encore.

MARIE.

Very fortunately, I love the earth too well to wish to be an angel yet.

M. DORIMONT.

Cela viendra en son temps. Je lis beaucoup de bon dans les yeux de mademoiselle.

MR. DORIMONT.

It must happen, though. I see a great deal of perfection in those soft eyes.

JACQUES (*passant du vin*).

Pomard ou Clos Vougeot ?

JAMES (*handing around the wines*).

Pomard or Clos Vougeot ?

M. DE PARNES.

Milord, vous n'aimez peut-être pas nos vins de France ? (*A* JOSEPH.) Servez du Madère à monsieur.

M. DE PARNES.

My lord, perhaps you do not like our French wines ? (*To* JOSEPH.) Hand the Madeira.

LORD STANLEY.

Au contraire, je préfère le Bourgogne à tout autre vin ; dans votre climat, les vins rouges sont bien meilleurs.

LORD STANLEY.

On the contrary, I prefer Burgundy wine to all others ; in this climate, they are much better.

ANTOINE (*à chaque convive*).
Becfigues ou cailles rôties ?

ANTHONY (*to each guest*).
Becfigues or roasted quails ?

M. DE PARNES.
Général, voilà des petits oiseaux que je vous recommande ; ils viennent de loin.

M. DE PARNES.
General, I can recommend these little birds to you ; they came from a great distance.

M. DORIMONT.
On les mange rarement aussi bons à Paris.

MR. DORIMONT.
They are not often to be had in Paris as good as these.

JOSEPH (*à chaque convive*).
Salade de Romaine ?

JOSEPH (*to each guest*).
Lettuce salad ?

M. DE PARNES.
Tous les ans je reçois des becfigues d'un de mes anciens amis de collège.

M. DE PARNES.
Every year I receive some becfigues from an old schoolmate of mine.

M. DE FORLIS (*à* MARIE).
Avez-vous entendu le Prophète, mademoiselle ?

M. DE FORLIS (*to* MARIE).
Have you heard the Prophet?

MARIE.
Non, c'est un plaisir à venir.

MARIE.
No, I have that pleasure in store.

MME. DARVILLE.
J'ai dit à Charles de nous prendres des places pour lundi.

MRS. DARVILLE.
I told Charles to take seats for us on Monday.

M. DE FORLIS.
Si vous le permettez, madame, j'aurai l'honneur de vous

M. DE FORLIS.
If you will allow me, I will have the honor of sending you

envoyer la loge de ma mère : elle n'y va que très rarement.

my mother's box : she very seldom makes use of it.

MME. DARVILLE.

Merci, monsieur ; j'accepte, si cela ne vous prive pas.

MRS. DARVILLE.

I accept with pleasure, if I do not deprive you of it.

ANTOINE (*à chaque convive*).

Asperges ?

ANTHONY (*to each guest*).

Asparagus ?

M. DE MONTREUIL.

Mademoiselle Laure, le temps est-il à l'orage ? Vous êtes bien silencieuse, ce soir.

M. DE MONTREUIL.

Miss Laura, which way does the wind blow ? You are very silent, this evening.

LAURE.

Je suis très fatiguée ! Depuis huit jours, je suis sur pied jusqu'à deux heures du matin, et toute la journée en courses.

LAURA.

I am very tired. For the last week, I have been up until two o'clock every night, and all day shopping.

M. DE MONTREUIL (*bas*).

Mais votre santé en souffrira, et je m'y oppose formellement.

M. DE MONTREUIL (*whispering*).

But your health will suffer from it ; I shall positively oppose it.

CHARLES.

Des secrets, Montreuil ? Allons, confiez-nous cela.

CHARLES.

Secrets, Montreuil ? Tell us all about it.

M. DE MONTREUIL.

Quand vous m'aurez dit pour qui était ce bouquet de vio-

M. DE MONTREUIL.

When you have told me who the bouquet of Camelias

lettes et camélias que vous avez commandé chez Mme. Prévost.

and violets which you ordered at Mrs. Prévost's was for.

CHARLES (*rougissant*).

Moi! par exemple, je n'y suis pas allé depuis huit jours.

CHARLES (*blushing*).

I! indeed, I have not been there for a week.

M. DE MONTREUIL.

Mais Bonchamp y était à trois heures! C'est un précieux serviteur que vous avez là, mon cher; je n'ai jamais pu lui faire dire le nom de la belle à laquelle ces fleurs étaient destinées.

M. DE MONTREUIL.

But Bonchamp was there at three o'clock! He is a valuable servant, my dear fellow; I never could induce him to tell me who the fair lady was to whom you were sending those flowers.

CHARLES.

Eh bien! puisqu'il faut tout vous dire, j'ai commandé un bouquet pour Marie, pour le bal de Mme. Mercourt.

CHARLES.

Well, if you must know it, I had ordered a bouquet for Marie, for Madame Mercourt's ball.

LAURE.

Pour Jeudi prochain? vous vous y prenez d'avance.

LAURA.

For next Thursday? you were in a desperate hurry.

ANTOINE (*offrant à chaque convives*).

Gelée au Marasquin?

ANTHONY (*to each guest*).

Gelée au Marasquin?

MME. DE PARNES.

Général, vous mangez bien peu; milord, je pourrais vous faire le même reproche.

MME. DE PARNES.

General, you are a very small eater; my lord, I might make the same remark to you.

MME. DARVILLE.

Je voudrais que ces messieurs vinssent nous faire une visite à Vogerolles avec vous, ma sœur ; quelques bonnes promenades dans le parc leur donneraient un meilleur appétit.

LORD STANLEY.

Je n'oublierai pas votre aimable invitation, madame.

M. DE PARNES.

Madame la duchesse, permettez-moi de vous offrir une grappe de ce chasselas ?

MME. DE LUSSAN.

Merci, je prendrai des fraises.

LAURE.

Marie veux-tu la moitié de cette poire ? elle est d'une grosseur prodigieuse.

MARIE.

Je veux bien. Comme ces amandes fraîches sont jolies, et ces cerises, comme elles sont bien conservées.

M. DE FORLIS.

Vous offrirai-je de ces bon-

MRS. DARVILLE.

I should like these gentlemen to make us a visit at Vogerolles with you, sister ; a few long walks in the grounds would soon improve their appetite.

LORD STANLEY.

I shall not forget your gracious invitation, madam.

M. DE PARNES.

Duchess, will you allow me to offer you a bunch of these chasselas grapes ?

MME. DE LUSSAN.

Thank you, I will take some strawberries.

LAURA.

Marie, will you share this pear with me ? it is prodigiously large.

MARIE.

I am willing. How pretty those green almonds are, and these fresh cherries are so well preserved.

M. DE FORLIS.

Shall I offer you some of

bons, mesdemoiselles? Charles, vous dédaignez sans doute ces douceurs.

CHARLES.

Mais, non; j'y suis, au contraire, très sensible, et vous, général?

M. DORIMONT.

Merci, mon jeune ami; en fait de douceurs, celles que vous m'offrez sont celles que j'apprécie le moins. Je goûterai ce Roquefort; c'est le seul dessert que je me permette.

MME. DE PARNES.

Vous ne refuserez pas une grappe de raisins?

M. DORIMONT.

Venant de vous, madame, cela serait impossible.

MME. DE PARNES.

Milord, goûtez ces poires; c'est un de nos meilleurs fruits.

LORD STANLEY.

Oui, madame, je les apprécie à leur juste valeur.

(ANTOINE *passe les bols.*)

these bonbons, ladies? Charles, I suppose you despise sweets.

CHARLES.

No, indeed; on the contrary, I am very fond of them: and you, general?

MR. DORIMONT.

Thank you, my young friend; of all sweet things, I appreciate these the least. I will taste this Roquefort-cheese; it is the only kind of dessert I fancy.

MME. DE PARNES.

You cannot refuse a bunch of grapes?

MR. DORIMONT.

Coming from you, madam, that would be impossible.

MME. DE PARNES.

My lord, taste these pears; they are considered one of our best fruits.

LORD STANLEY.

I fully appreciate them.

(ANTHONY *hands round the finger-glasses.*)

MME. DE LUSSAN.

Quelles fleurs délicieuses! sont-elles de votre serre?

MME. DE LUSSAN.

How beautiful these flowers are! do they grow in your conservatory?

MME. DE PARNES.

Oh! non; je ne les fais jamais cueillir; elles sont tellement plus belles sur pieds. Si cela vous est agréable, nous irons les voir.

MME. DE PARNES.

Oh! no; I never have those picked; they are so much prettier on the plants. If agreeable to you, we will go and look at them.

MME. DE LUSSAN.

Avec plaisir.

MME. DE LUSSAN.

With much pleasure.

(*Tout le monde se lève de table.*)

(*The company leaves the table.*)

CHAPITRE XII.

Le Salon.

CHAPTER XII.

The Drawing-Room.

LES MÊMES (*sortant de la serre*).—MME. DE BREVANNES.—M. ARTHUR DE BREVANNES.—MISS HOWARD.—M. ET MME. MERCOURT—M. SAINVAL.

THE SAME (*after visiting the conservatory*).—MME. DE BREVANNES.—MR. ARTHUR DE BREVANNES.—MISS HOWARD.—MR. AND MRS. MERCOURT.—MR. SAINVAL.

MME. DE LUSSAN.

Quelle jouissance que ces

MME. DE LUSSAN.

What a luxury these flowers

4*

fleurs! un appartement sans une serre est bien incomplet.

(Antoine *apporte le café qu'il dépose sur une table ronde.*)

Mme. de Parnes.

Vous offrirai-je une tasse de café, général?

M. Dorimont.

Je vous rends mille grâces, cela m'est défendu.

Mme. de Parnes.

Et vous, duchesse?

Mme. de Lussan.

Merci, la moitié d'une tasse.

Lord Stanley.

Quel délicieux nectar! je ne m'étonne pas que Voltaire en fut si passionné. Il me semble que ce breuvage donnerait du génie à l'être le plus nul.

Charles.

J'en doute, milord. J'ai connu des individus qui, toute leur vie, avaient pris du café et qui étaient loin d'être supérieurs.

are! an apartment without a conservatory is very incomplete.

(Anthony *brings in the coffee, which he sets on a round table.*)

Mme. de Parnes.

General, may I offer you a cup of coffee?

Mr. Dorimont.

Many thanks, I cannot take any.

Mme. de Parnes.

And you, duchess?

Mme. de Lussan.

Thank you, I will take half a cup.

Lord Stanley.

What a delicious nectar! no wonder Voltaire was so fond of it. Methinks it would bring forth genius from the most insignificant mind.

Charles.

I doubt that, my lord, I have known persons, who had taken coffee all their lives and who were far from possessing talent.

Mme. de Parnes.

Il aurait fallu à notre grand philosophe un breuvage plus calmant; je lui aurais donné de la fleur d'orange.

Mme. de Parnes.

A more composing draught would have better suited our great philosopher; I should have given him orange-flower water.

Mme. Darville.

Général, vous qui êtes homme de goût, permettez-moi de vous montrer l'album de Laure; il contient des choses charmantes.

Mrs. Darville.

General, you are a man of taste, let me show you Laura's album; it contains some beautiful things.

Laure.

Voici aussi une collection d'autographes qui a un certain mérite.

Laura.

Here is also a collection of autographs, which have a peculiar interest.

Lord Stanley (*regardant une petite peinture à l'huile*).

Quel délicieux petit tableau!

Lord Stanley (*looking at a small oil-painting*).

What an exquisite little picture!

M. de Parnes.

Il est peint par Mlle. Darville; c'est une vue de Vogerolles.

M. de Parnes.

It was painted by Miss Darville; it is a view of Vogerolles.

Jacques (*annonçant*).

Mme. de Brevannes, Miss Howard, M. Arthur de Brevannes.

James (*announcing*).

Madame de Brevannes, Miss Howard, M. Arthur de Brevannes.

Mme. de Brevannes.

Vous m'aviez engagée à venir

Mme. de Brevannes.

You had requested me to

de bonne heure, chère madame; vous voyez que je suis exacte; d’ailleurs, je vous avouerai que cela me convient à merveille, car nos habitudes parisiennes fatiguent beaucoup ma petite amie que voici.

Mme. de Parnes.

Je suis charmée de faire la connaissance de mademoiselle. Vous êtes heureuse, madame, de posséder une si charmante compagne.

Mme. de Brevannes.

J’espère bien que Fanny ne me quittera jamais. La France et moi, nous la réclamons.

Fanny.

Ne jamais revoir l’Amérique!

Mme. de Parnes.

Serait-ce un si grand sacrifice? Paris, il me semble, doit posséder assez de charmes pour faire tout oublier.

Fanny.

Je n’ai qu’à me louer de Paris, et surtout de ceux qui l’habitent; mais il y a dans le cœur

come early, dear madam; you see I am punctual, and I must confess that it suits me exactly, for our Paris hours seem to fatigue this little friend of mine very much.

Mme. de Parnes.

I am most happy to become acquainted with Miss Howard. You are fortunate in possessing so charming a companion.

Mme. de Brevannes.

I hope Fanny will never leave me. France and I claim her.

Fanny.

What! never return to America!

Mme. de Parnes.

Would it be so great a sacrifice? I should think Paris was sufficiently attractive to obliterate the memory of every thing else.

Fanny.

I have every reason to be pleased with Paris, and particularly with its inhabitants;

un écho de l'enfance, de la patrie, qui se fait toujours entendre.

ARTHUR.

Brava! Miss Fanny. Voilà de nobles sentiments que j'approuve.

MME. DARVILLE.

Je ne m'étonne pas que les Américains aient un si grand attachement pour leur pays. J'ai toujours eu le désir de le connaître.

ARTHUR.

Rien n'est beau comme la nature dans le nouveau monde; j'en ai été émerveillé. Général, vous l'avez visité autrefois, il me semble?

M. DORIMONT.

Oui, à l'époque où la belle imagination de M. de Châteaubriand prenait son essor. J'ai parcouru les bords du Meschacebé ; j'ai cueilli des fleurs qu'auraient pu fouler les pieds d'Atala. Aujourd'hui, la civilisation, le commerce ont profané les lieux sacrés de la poésie.

but there is in one's neart an echo of childhood and home which always will be heard.

ARTHUR.

Bravo! Miss Fanny; I approve of those noble sentiments.

MRS. DARVILLE.

I don't wonder the Americans are so much attached to their country. I always have had a desire to visit it.

ARTHUR.

Nothing can be more beautiful than nature in the new world; I was struck with it. General, were you not there formerly?

MR. DORIMONT.

Yes, at the time when Châteaubriand gave vent to his fine mind. I visited the banks of the Mississippi; I have plucked the flowers upon which Atala might have walked. Since then, civilization and commerce have desecrated the sacred haunts of poetry.

CHARLES.

Depuis la découverte des mines de la Californie, il n'y a plus de poésie; elle s'est retirée dans les forêts vierges de l'ouest.

M. DE PARNES.

Messieurs, voici une table de whist qui vous attend. M. de Lussan, général, milord? Je ferai le quatrième en attendant Mercourt.

MME. DE PARNES.

Faisons-nous un peu de musique, mesdames?

MARIE.

Tout - à - l'heure, ma tante. Miss Howard, voici une petite place à côté de moi : j'ai de jolies choses à vous montrer.

MME. DE LUSSAN.

Laure, avez-vous répété le duo d'Anna Bolena?

LAURE.

Oui, et celui de Maria Padilla. M. de Montreuil, veuillez me donner ce cahier de musique : il contient des romances charmantes. A propos, M. de

CHARLES.

Since the discovery of the California mines, there is no poetry left; it has flown to the forests of the far West.

M. DE PARNES.

Gentlemen, here is a whist table in readiness for you. M. de Lussan, general, my lord? I will take a hand until Mercourt comes in.

MME. DE PARNES.

Shall we have a little music, ladies?

MARIE.

Directly, aunt. Miss Howard, I have a seat for you here, and some pretty things to show you.

MME. DE LUSSAN.

Laura, did you look over the duet of Anna Bolena?

LAURA.

Yes, and that of Maria Padilla. M. de Montreuil, pray, hand me that music book: it contains some beautiful songs. By the by, M. de Forlis, we

Forlis, nous aurons, j'espère, le plaisir de vous entendre ce soir.

shall, I hope, have the pleasure of hearing you this evening.

M. DE FORLIS.

Je ne chante que dans les chœurs, et je n'oserais certainement pas me risquer devant un auditoire aussi distingué.

M. DE FORLIS.

I only take a part in choruses, and I would certainly not have the courage to sing before so many good performers.

JACQUES (*annonçant*).

M. et Mme. Mercourt, M. Sainval.

JAMES (*announcing*).

Mr. and Mrs. Mercourt, Mr. Sainval.

MME. DE PARNES.

Bonsoir, madame; nous vous attendions pour faire de la musique.

MME. DE PARNES.

Good evening; we were waiting for you, to have a little music.

MME. MERCOURT.

Vous êtes bien bonne. Permettez-moi de vous présenter M. Sainval, un de mes cousins; excellent musicien; il sera enchanté d'accompagner ces dames.

MRS. MERCOURT.

How kind in you. Allow me to introduce Mr. Sainval to you; he is a cousin of mine; an excellent musician; he will be delighted to accompany these ladies.

MME. DE PARNES.

Je suis charmée de vous recevoir, monsieur, et je serai ravie de vous entendre.

MME. DE PARNES.

I am very happy to see you, sir, and will be much pleased to hear you play.

M. SAINVAL.

Madame Mercourt m'a fait

MR. SAINVAL.

Madame Mercourt has given

une réputation que j'aurai bien de la peine à soutenir, madame.

MME. MERCOURT.

Vous êtes trop modeste ; ces dames en jugeront.

MME. DE PARNES.

Allons, mesdames.

MME. DE LUSSAN.

Nous vous chanterons notre duo.

LAURE.

Je sais l'accompagnement.

M. SAINVAL.

Permettez, mademoiselle ; j'ai eu l'honneur d'accompagner Mme. de Sparre quelquefois ; c'était précisément ce même duo.

FANNY (*bas à* MARIE *pendant la musique*).

Il m'est arrivé une chose singulière, pour Paris ; car en Amérique cela ne serait d'aucune conséquence. J'ai reçu, ce matin, un délicieux bouquet de camélias et violettes, anonyme.

---

me a reputation which I shall not easily be able to maintain.

MRS. MERCOURT.

You are too modest ; these ladies will judge for themselves.

MME. DE PARNES.

Come, ladies.

MME. DE LUSSAN.

We will sing you our duet.

LAURA.

I know the accompaniment.

MR. SAINVAL.

Allow me to play it ; I have had the honor of accompanying Madame de Sparre in this very duet.

FANNY (*whispering to* MARIE *while the music is going on*).

The strangest thing has happened to me ; I mean, strange for Paris ; in America it would not be of the least importance. I received, this morning, a beautiful anonymous bouquet of camelias and violets.

MARIE (*vivement*).

Vraiment !

MARIE (*with surprise*).

Really !

FANNY.

Cela m'intrigue beaucoup. Je comptais demander à Mme. de Parnes si cette galanterie me venait d'elle.

FANNY.

It puzzles me very much. I intended asking Mme. de Parnes if I was not indebted to her for the attention.

MARIE.

Oh ! je vous en prie, n'en parlez à personne ; un de ces jours je vous dirai pourquoi.

MARIE.

Oh ! pray, do not mention it to any one ; I will tell you why one of these days.

FANNY.

Bien sur ?

FANNY.

Will you ?

MME. DE PARNES.

Voilà qui est chanté à merveille ! Cette musique est ravissante.

MME. DE PARNES.

Beautifully sung ! What exquisite music !

MME. DARVILLE.

Et monsieur accompagne en artiste.

MRS. DARVILLE.

And the accompaniment is played in an artistical style.

MME. DE BREVANNES.

Prenez-vous toujours des leçons de Bordogni, Mademoiselle Laure ?

MME. DE BREVANNES.

Are you still taking lessons of Bordogni, Miss Laura ?

LAURE.

Non, madame, pas cet hiver.

LAURA.

No, not this winter.

Mme. de Lussan.

Nous réclamons une cavatine de Mademoiselle Darville.

Mme. de Parnes.

Marie, chantez-nous le Lac de Neidermeyer; il est si bien dans votre voix.

Marie.

Je ne sais pas si j'oserai, ma tante. Enfin, si cela peut vous être agréable, je ferai mon possible. (*Elle chante; le plus grand silence règne dans le salon.*)

M. Dorimont.

Admirable, mon enfant! Je disais bien que vous aviez quelque rapport avec les anges.

Mme. Mercourt.

Si j'avais une voix comme celle de mademoiselle, je serais trop heureuse.

M. de Forlis (à Marie).

Il eût été bien cruel à vous, mademoiselle, de nous priver du bonheur de vous entendre.

Marie.

C'est un plaisir d'avoir un

Mme. de Lussan.

We claim a cavatina from Miss Darville.

Mme. de Parnes.

Marie, sing the Lac, by Neidermeyer; it suits your voice so well.

Marie.

I am almost afraid to sing, aunt. Well, I will try my best to be agreeable to you. (*She sings; the company listens in silence.*)

Mr. Dorimont.

Beautiful! dear child. I knew there was something angelic about you.

Mrs. Mercourt.

I should be too happy if I had such a voice.

M. de Forlis (to Marie).

It would have been cruel in you to deprive us of the pleasure of hearing you.

Marie.

It is a treat to have so in-

auditoire aussi indulgent. Puisque c'est à mon tour de réclamer, je demanderai à M. Sainval quelques mélodies, et ensuite à Miss Fanny une de ses ravissantes ballades anglaises.

dulgent an audience. Now that I have a right to claim a favor, I will request Mr. Sainval to play a melody, and then Miss Fanny will, I hope, favor us with one of her sweet English ballads.

M. SAINVAL.

On ne peut rien vous refuser, mademoiselle. (*Il se met au piano et exécute parfaitement.*)

MR. SAINVAL.

All your requests must be granted. (*He goes to the piano and plays beautifully.*)

LAURE.

Quel charmant toucher !

LAURA.

What an exquisite touch !

MME. DE PARNES.

Mme. Mercourt n'a pas exagéré votre talent, monsieur.

MME. DE PARNES.

Mrs. Mercourt has not overrated your talent, sir.

M. DE LUSSAN.

Général, vous êtes en défaut; vous auriez dû jouer du cœur.

M. DE LUSSAN.

General, you are wrong ; you should have played hearts.

M. DORIMONT.

Je vous demande pardon; mais il faut s'en prendre à la musique. C'est à vous, monsieur, à donner.

MR. DORIMONT.

I beg your pardon ; but the music is responsible for my errors. It is your deal, sir.

CHARLES.

Miss Howard, nous attendons la ballade anglaise.

CHARLES.

Miss Howard, we are sighing for the ballad.

FANNY.

Oh! vraiment c'est ridicule à moi de chanter après ces dames. Vous le voulez absolument? (*Elle chante Katy Darling avec beaucoup de grâce.*)

FANNY.

It is ridiculous in me to sing after these ladies. But if you insist upon it? (*She sings Katy Darling very prettily.*)

MME. DARVILLE.

Charmant! C'est délicieusement original. Mme. de Lussan, nous vous demanderons le duo du Prophète. (*Pendant la musique, Antoine apporte du thé, du chocolat, des gâteaux, qu'il pose sur une table longue.*)

MRS. DARVILLE.

Very sweet! So original! Mme. de Lussan, will you sing us the duet from the Prophet? (*While the music is going on, Anthony brings in tea, chocolate and cakes, which he sets on a sofa table.*)

MME. DE PARNES.

Vous m'avez fait un plaisir extrême, mesdames. Laure, Marie, servez-nous du thé. Ces messieurs vous aideront. (*Les jeunes gens entourent la table.*)

MME. DE PARNES.

I have really enjoyed your singing, ladies. Laura, Marie, pour out tea for us; these gentlemen will assist you. (*The young people gather around the table.*)

M. DE FORLIS (à MME. DARVILLE).

Permettez-moi de vous offrir une tasse de thé.

M. DE FORLIS (to MRS. DARVILLE).

Allow me to offer you a cup of tea.

MME. DARVILLE.

Volontiers, s'il n'est pas trop fort.

MRS. DARVILLE.

I will take some, if it is not too strong.

LAURA.

Vous le trouverez bon, ma tante. Mme. de Brevannes, vous servirai-je du chocolat?

LAURA.

It is just right, aunt. Mme. de Brevannes, shall I send you some chocolate?

MME. DE BREVANNES.

Je prendrai seulement un petit gâteau.

MME DE BREVANNES.

I will take a cake only.

M. DE MONTREUIL (*à* MME. MERCOURT).

Du thé ou du chocolat, madame?

M. DE MONTREUIL (*to* MRS. MERCOURT).

Tea or chocolate, madame?

MME. MERCOURT.

Du thé, très fort. Général, vous en prendrez aussi, n'est-ce pas?

MRS. MERCOURT.

Tea, very strong. General, will you not take some, also?

M. DORIMONT.

Merci, madame; un verre d'eau sucrée me suffira.

MR. DORIMONT.

Thank you; I prefer a glass of sugar and water.

M. DE PARNES.

Messieurs, la partie est finie; réglons nos comptes. Comme à l'ordinaire, j'ai perdu. Mercourt, il vous revient vingt francs; le reste vous appartient, messieurs. Laure, mon enfant, faites-nous du punch. Milord, vous devez être connaisseur.

M. DE PARNES.

Gentlemen, the game is over; let us settle our accounts. As usual, I have lost. Mercourt, these twenty francs are yours; the remainder belongs to you, gentlemen. Laura, my daughter, make us some punch. My lord, you must be a good judge.

LORD STANLEY.

Je n'en suis pas fou.

LORD STANLEY.

I am not very fond of it.

M. DORIMONT (à MME. DE PARNES).

Bonsoir, madame; je conserverai longtemps le souvenir de cette charmante soirée.

MR. DORIMONT (*to* MME. DE PARNES).

Good evening, madam; I shall retain a most agreeable remembrance of this evening.

MME. DE PARNES.

Veuillez exprimer à Madame Dorimont tous mes regrets; j'espère qu'une autre fois, sa santé ne nous privera pas du plaisir de la voir.

MME. DE PARNES.

Pray, tell Mrs. Dorimont how much I regretted not seeing her. I trust that, another time, her health will not deprive us of that pleasure.

MME. DE BREVANNES.

Onze heures et demie déjà! Fanny, il est temps de nous retirer. (*A* MME. DE PARNES.) Nous vous rencontrerons, j'espère, chez Mme. Mercourt.

MME. DE BREVANNES.

Half-past eleven o'clock, already! Fanny, it is time for us to retire. (*To* MME. DE PARNES.) I hope we shall meet at Mrs. Mercourt's.

MME. DE PARNES.

Oh! certainement. Chère duchesse, veuillez me nommer à madame votre mère.

MME. DE PARNES.

Oh! certainly. My dear duchess, remember me to your mother.

MME. DE LUSSAN.

Je n'y manquerai pas.

MME. DE LUSSAN.

I shall do so with pleasure.

MME. DARVILLE.

Charles, demande à Jacques si la voiture est là.

MRS. DARVILLE.

Charles, inquire of James whether the carriage has come.

JACQUES (*rentrant*).

Non, madame.

JAMES (*entering*).

No, ma'am.

M. DE FORLIS.

Mon coupé est à vos ordres, mesdames; Montreuil me donnera une place dans le sien.

M. DE FORLIS.

My coupé is at your disposal, ladies; Montreuil will give me a seat in his.

MME. DARVILLE.

Merci ; nous attendrons encore quelques instants.

MRS. DARVILLE.

Thank you; I will wait a little longer.

MME. DE PARNES (*à* M. SAINVAL, *qui la salue*).

J'espère, monsieur, que j'aurai le plaisir de vous revoir ; je suis chez moi tous les jeudis. Ces dames seront charmées de faire de la musique avec vous. Bonsoir, milord. (*Tout le monde se retire excepté* MME. DARVILLE, *ses enfants, et* M. DE MONTREUIL.)

MME. DE PARNES (*to* MR. SAINVAL, *who bows to her*).

I hope, sir, that we shall have the pleasure of seeing you again; I am at home every Thursday. These ladies will be most happy to have some music with you. Good evening, my lord. (*All the company leaves, excepting* MRS. DARVILLE, *her children, and* M. DE MONTREUIL.)

CHARLES.

Ah! ça, ma tante, c'est une aberration que l'amour de la duchesse pour son Trick. C'est à mourir de rire ! Le général, en homme d'esprit, lui a donné un léger coup de patte.

CHARLES.

Now, aunt, you will acknowledge that the duchess's love for her Trick amounts to a disease. It is too laughable. The general, who is full of wit, gave her a hint on the subject.

Mme. de Parnes.

Que voulez-vous, Charles, Mme. de Lussan n'a pas d'enfants ; cela explique son faible pour son chien.

Marie.

Monsieur le républicain, vous n'avez pas de charité chrétienne. Laure, dis-moi donc, quelle toilette mettras-tu chez Mme. Mercourt ?

Laure.

Une robe de tulle bleu avec des roses roses.　Et toi ?

Marie.

Mme de Baisieux me conseille de faire garnir ma robe de tulle blanc avec des fluxias.

Mme. de Parnes.

Ce sera charmant !

Charles.

Encore des chiffons ! C'est l'éternel sujet de conversation. Montreuil, c'est insipide, hein ?

M. de Montreuil.

Nous ne pouvons nous plaindre, mon cher, quand les résul-

Mme. de Parnes.

Well, Charles, the fact is, Mme. de Lussan has no children ; that accounts for her love for her dog.

Marie.

You have no christian charity, Mr. Republican. Laura, what dress will you wear at Mrs. Mercourt's ?

Laura.

A blue tulle with pink roses. And you ?

Marie.

Mme. de Baisieux advises me to have my white tulle trimmed with fuscias.

Mme. de Parnes.

It will be very pretty.

Charles.

Dress again ! It is the everlasting topic of conversation. Mighty stupid, Montreuil, hey ?

M. de Montreuil.

We should not complain, my dear fellow, when the result is

tats sont si charmants. Comment avez-vous trouvé la toilette de Miss Howard?

CHARLES.

Pas mal.

MARIE (*l'imitant*).

Pas mal. Et ses yeux, Charles? pas mal! Par parenthèse, Arthur de Brevannes ne me fait pas l'effet d'être très amoureux.

MME. DARVILLE.

A-t-elle des moyens, de l'esprit?

MME. DE PARNES.

Son éducation est à peine achevée; elle n'a que seize ans. Mme. de Brevannes lui a donné tous les maîtres possible. Elle est très intelligente, dit-on; elle a surtout beaucoup d'esprit naturel.

CHARLES.

Oh! oui. J'ai causé longtemps avec elle, ce soir.

JACQUES.

La voiture de Mme. Dar-

so gratifying. How did you like Miss Howard's dress?

CHARLES.

Pretty well.

MARIE (*mimicking*).

Pretty well! And how did you like her eyes, Charles? Pretty well! By the by, I don't think Arthur de Brevannes is very much in love with her.

MRS. DARVILLE.

Is she clever, is she witty?

MME. DE PARNES.

She has scarcely finished her education; she is only sixteen. Mme. de Brevannes has given her teachers in all the different branches. She is intelligent, and said to be very bright.

CHARLES.

Oh! yes. I had a long conversation with her this evening.

JAMES.

Mrs. Darville's carriage, and

ville. Le coupé de M. de Montreuil.

M. de Montreuil's coupé, are at the door.

Mme. Darville.

Bonsoir, mes amis. A bientôt.

Mrs. Darville.

Good evening. We will meet soon again.

Marie (*riant*).

Mon cher oncle, le Lys de Touraine vous tend la joue.

Marie (*laughing*).

Uncle, the Touraine Lily awaits a kiss.

M. de Parnes.

Bonsoir, mon enfant.

M. de Parnes.

Good evening, darling.

Mme. de Parnes.

Demain, sans faute, j'irai vous chercher. Bonsoir.

Mme. de Parnes.

I will call for you to-morrow without fail. Good night.

M. de Montreuil.

Je me trouverai chez Janisset à trois heures, madame.

M. de Montreuil.

I shall be at Janisset's at three o'clock, ladies.

Marie.

C'est pour faire monter tes diamants, Laure. Que tu es heureuse !

Marie.

To have your diamonds set, Laura. How fortunate you are!

Mme. de Parnes.

Votre tour viendra, Marie, avant longtemps.

Mme. de Parnes.

Your turn will come before long, Marie.

Mme. Darville.

Bonsoir. Allons, mes enfants, il est minuit.

Mrs. Darville.

Good night. Come, my children, it is twelve o'clock.

CHAPITRE XIII.

L'Hôtel de Hollande.

Mme. Darville (*seule. Elle est assise dans un fauteuil auprès du feu, un livre de prière à la main*).

Mon Dieu ! que dois-je faire ? Inspirez-moi pour le bonheur de mon enfant. Non, non, le vrai bonheur n'est pas ici ! Quel coup de sonnette ! Serait-il arrivé quelque chose à Marie !

Marie (*elle entre essoufflée, très émue*).

Oh ! maman, je viens de voir une chose affreuse !

Mme. Darville.

Qu'as-tu, mon enfant ? Ta pâleur, ton émotion me font peur. Assieds-toi ; bois un peu d'eau ; laisse-moi ôter ton chapeau ; tu est glacée. Où est Suzette ?

CHAPTER XIII.

The Hotel de Hollande.

Mrs. Darville. (*She is sitting in an arm-chair near the fire, an open prayer-book in her hand.*)

O Lord, how shall I act? Inspire me, for the sake of my child's happiness. No, no, true happiness cannot exist here. What a loud ring ! Could any thing have happened to Marie !

Marie (*she seems out of breath, much affected*).

Oh ! mamma, I have just witnessed an awful accident.

Mrs. Darville.

What ails you, dearest ? You are so pale, you frighten me. Sit down, drink a little water ; let me take off your bonnet ; you are chilled. Where is Suzette.

MARIE.

Elle sera ici dans un instant. Merci, chère mère ; je me sens mieux maintenant, mais j'ai eu un moment de souffrance pénible.

MARIE.

She will be here in a moment. Thank you, dear mother; I am better now, but for a few minutes I suffered intensely.

Mme. DARVILLE.

Je n'y comprends rien. N'as-tu pas été aux Tuileries avec Mme. Martin et Suzette, il y a une heure ?

Mrs. DARVILLE.

I cannot understand what has happened. Did you not go to the Tuileries, an hour ago, with Mrs. Martin and Suzette ?

MARIE.

Certainement. Nous nous promenions tranquillement au beau soleil dans la grande allée, lorsque nous avons rencontré, devine qui, maman ? deux personnes que tu aimes beaucoup.

MARIE.

Certainly. We were walking leisurely, enjoying the sun in one of the broad avenues, when we met, guess who ? two persons whom you like very much.

Mme. DARVILLE (*vivement*).

Le général Bertrand et son neveu ?

Mrs. DARVILLE (*hastily*).

General Bertrand and his nephew ?

MARIE.

Justement. J'ai été si heureuse de les revoir. Le général m'a fait prendre son bras ; George marchait de l'autre côté. C'était une vraie joie. Je leur ai parlé de tout ce que

MARIE.

Exactly. I was delighted to see them. The general took my arm ; George walked on the other side. It was a real treat. I told them all about what we had seen here. "Did

nous avions vu. Notre vieil ami me répétait : "Je t'avais bien dit, petite, que Paris était beau ; mais ne va pas trop l'aimer non plus." Il y avait une demi-heure que nous nous promenions ensemble, lorsque nous rencontrâmes M. et Mme. Dorimont. Grande reconnaissance entre les deux frères d'armes, qui ne s'étaient pas vus depuis dix ans. Pendant ce temps, George me parlait de Vogerolles, de Giselle, qu'il avait été voir, et surtout de mon amie Flore de Mésange. Tout à coup j'entendis sonner onze heures ; c'était l'heure de rentrer : je craignais que tu ne fusses inquiète. Je dis adieu à la hâte aux bons amis, qui promettent de venir nous voir aujourd'hui, et je me sauve avec Suzette, suivie de Mme. Martin, un peu à la Cendrillon. Arrivée à la grille, au moment où je sortais du jardin, j'aperçois une femme assez mal vêtue, qui allait traverser la rue de Rivoli. Au même instant, un cheval de cabriolet s'emporte à deux cents pas de là, passe près de la malheureuse femme et la renverse sur

I not tell you that Paris was a beautiful place ?" said our old friend ; " but you must not like it too well either, my dear child," he added. We had been walking about half an hour, when we met Mr. and Mrs. Dorimont. A joyful meeting of the two friends took place ; they had not seen each other for ten years. Meanwhile, George and I chatted about Vogerolles and Giselle, which he had seen, and particularly about my friend Flora de Mésange. Suddenly I heard the clock strike eleven. It was time to go home, and I feared you might be anxious about me. I bid our kind friends farewell, in great haste—they promising to see us to-day—and I ran away with Suzette, followed by Mrs. Martin, pretty much in the style of Cinderella. As we were going out of the gate, I noticed a woman rather meanly dressed, who was about crossing the rue de Rivoli. At that moment, a horse took fright about a hundred yards from there, and, rushing past, threw the poor creature on the pavement. Suzette and

le trottoir. Nous nous élançons vers elle, Suzette et moi ; la pauvre créature avait perdu connaissance. Quelques personnes charitables s'approchèrent ; on courut chez le pharmacien chercher du vinaigre, de l'éther ; enfin, au bout de quelques instants, elle revint à elle. J'aperçus tout près de nous un fiacre qui attendait quelqu'un ; je demandai au cocher s'il voulait reconduire la pauvre femme chez elle (Suzette venait d'apprendre qu'elle demeurait rue du Mont Thabor, à deux pas). Le cocher y consentit : il porta la malheureuse dans la voiture, je lui donnai cinq francs et dis à Suzette de l'accompagner et de la faire monter chez elle, puis je me suis hâtée de revenir. J'avais été tellement effrayée, émue de l'état de cette femme, dont la physionomie exprimait tant de souffrance, que je pouvais à peine marcher. Oh ! maman, un instant de contact avec la misère fait oublier toutes les joies du monde.

I ran to her assistance ; she had fainted. A few charitable persons gathered around us ; one of them ran to the apothecary's for vinegar and ether. After a while, she revived. I noticed near us a carriage waiting for some one, and I asked the driver whether he would be willing to take the poor woman home (Suzette had just heard that she lived in the rue du Mont Thabor, a very short distance from there). The driver consented : he put the poor creature in the carriage, I gave him five francs, and told Suzette to go with her and have her taken up to her room ; then I hurried home. I had been so terrified and unnerved by the accident of that poor woman, whose face expressed so much suffering, that I could scarcely walk. Oh ! mother, one single glimpse of the miseries of this world makes us forget all its joys.

MME. DARVILLE.

Pauvre enfant. Mais tu as

MRS. DARVILLE.

Poor child. But you were

montré du courage, de l'énergie. Je suis contente de toi, mon ange.

courageous and energetic. I am proud of you, darling.

MARIE.

J'ai suivi l'impulsion de mon cœur. Si j'eusse réfléchi, je n'aurais peut-être pas osé agir ainsi toute seule, livrée à moi-même.

MARIE.

I followed the impulse of my feelings. Had I reflected a moment, I might not have acted thus, on my own responsibility.

MME. DARVILLE.

C'est dans les circonstances graves que les qualités de l'âme se montrent.

MRS. DARVILLE.

It is always in great emergencies that the energies of the soul are called forth.

MARIE.

Ah! voilà Suzette. Eh bien! comment est cette pauvre femme?

MARIE.

Oh! here is Suzette. Well! how is that poor creature?

SUZETTE.

Mieux que je ne pensais, mademoiselle. Elle en sera quitte, je crois, pour quelques contusions. Elle souffre surtout d'une forte douleur à la tête.

SUZETTE.

Better than I had expected, miss. She is only very much bruised, and suffers most from a violent pain in her head.

MME. DARVILLE.

Est-elle très pauvre?

MRS. DARVILLE.

Is she very poor?

SUZETTE.

Oh ! madame, je croyais avoir vu la misère dans notre village, lorsque j'allais avec vous et mademoiselle visiter les malades de la paroisse ; mais je n'avais nulle idée des souffrances que les malheureux endurent dans les villes. C'est affreux ! Un dénûment effrayant ! En arrivant chez cette malheureuse, j'ai appelé la concierge pour m'aider à la monter chez elle, à une misérable mansarde, qui contenait un vieux bois de lit, une table à moitié cassée, deux chaises en paille et quelques ustensiles de cuisine. Une vieille voisine, aussi pauvre qu'elle, la voyant arriver dans ce triste état, lui apporta de suite un vieux fauteuil, dans lequel nous l'assîmes. Elle semblait complétement épuisée, écrasée. De temps en temps seulement elle murmurait : "Mon pauvre Albert, mon enfant !" et de grosses larmes coulaient sur ses joues amaigries. La vieille voisine et moi nous pleurions aussi. Je tâchai de la consoler un peu en lui disant que ma-

SUZETTE.

Oh ! ma'am, I thought I knew what poverty was, when I accompanied you and Miss Marie on the sick calls which you made in our village ; but I had no idea of the amount of suffering which the poor endure in the city. It is awful ! Poverty with all its horrors ! When we reached the woman's house, I called the porter's wife to assist me in taking her up to her lodgings, a miserable garret, containing an old bedstead, a table half broken, two chairs, and a few kitchen utensils. A neighbor, as destitute as herself, seeing her come home in this sad state, immediately brought out an old armchair, in which we placed her. She seemed completely exhausted, bowed down. Now and then she would mutter : "My poor Albert, my child !" and the tears flowed down her withered cheeks. Her neighbor and I wept also. I endeavored to console her, telling her that you would come to her assistance and procure work for her ; but, alas ! nothing

dame s'intéresserait à elle, lui procurerait de l'ouvrage ; mais, hélas ! rien ne paraissait l'émouvoir. Je l'ai laissée aux soins de son amie, lui promettant de revenir dans quelques heures.

seemed to move her. I then left her in care of her friend, promising to return in a few hours.

Mme. Darville.

C'est bien, Suzette. La Providence nous envoie là une occasion de dispenser les dons que sa miséricorde nous a confiés, mais il m'est impossible d'aller aujourd'hui chez cette femme, car j'attends mon homme d'affaire, et Marie doit accompagner sa tante. Appelez Bonchamp, j'ai à lui parler. (Suzette *sort.* Mme. Darville *se met à son secrétaire.*)

Mrs. Darville.

Very well, Suzette. Providence has sent us this opportunity of dispensing the goods which its mercy has confided to us, but I cannot possibly go to see this woman to-day, for I expect my agent, and Marie must go out with her aunt. Call Bonchamp. (Suzette *leaves the room.* Mrs. Darville *writes at her secretary.*)

Bonchamp.

Madame a des ordres à me donner ?

Bonchamp.

Have you any orders to give me, ma'am ?

Mme. Darville.

Oui, vous irez de suite porter ce billet chez M. Taurin ; vous reviendrez ensuite ici prendre Suzette, et vous l'accompagnerez rue du Mont Thabor, pour une œuvre de charité.

Mrs. Darville.

Yes, go immediately with this note to Dr. Taurin ; you will then call here for Suzette, and go with her to the rue du Mont Thabor, on a charitable mission.

BONCHAMP.

Oui, madame. (*Il sort.*)

MME. DARVILLE.

Suzette, procurez-vous un grand panier, mettez-y quelques bouteilles de bon vin, du pain et quelques provisions. Vous trouverez au fond de mon armoire un châle bien chaud, une paire de chaussons de laine. Portez tout cela à cette femme, avec ces cinquante francs; voyez ce qui peut lui être nécessaire. J'irai moi-même la voir demain.

SUZETTE.

Oui, madame. Je vais d'abord m'occuper de la toilette de mademoiselle, et dans une demi-heure je serai prête à accompagner Bonchamp.

MARIE.

Chère mère, avec quelle promptitude, quel jugement tu sais faire le bien. Tu es un agent de la Providence sur lequel elle peut compter.

MME. DARVILLE.

Ne serais-je pas bien ingrate et bien malheureuse, mon en-

BONCHAMP.

Yes, ma'am. (*He retires.*)

MRS. DARVILLE.

Suzette, get a large basket, fill it with a few bottles of good wine and some provisions. You will find in my wardrobe a thick shawl and a pair of woollen socks; take them to this woman, with these fifty francs; see what she requires. To-morrow, I will go there myself.

SUZETTE.

Yes, ma'am. I will first attend to Miss Marie's dress, and in half an hour I shall be ready for Bonchamp.

MARIE.

Dearest mother, how immediately and judiciously you exercise charity. You are indeed a faithful agent of Providence.

MRS. DARVILLE.

Would I not be very ungrateful and unhappy, if I de-

fant, si je me privais du bonheur de soulager mes semblables ? Et n'est-ce pas dans ce but que le ciel m'accorde une fortune considérable ?

prived myself of the satisfaction of assisting my fellow-beings ? And was it not for that purpose that God has granted me so large a fortune ?

MARIE.

Sais-tu, maman, que je n'ai nulle envie d'aller avec ma tante voir toutes les merveilles de Janisset et de Constantin ?

MARIE.

Really, mamma, I have not the least desire to go with aunt to see all the magnificent things at Janisset's and Constantin's.

MME. DARVILLE.

Tu as tort, mon enfant. Il te faut un peu de distraction après l'émotion de ce matin. Va faire ta toilette. J'ai beaucoup de papiers à voir avant l'arrivée de mon homme d'affaire ; je t'attendrai ici au coin du feu.

MRS. DARVILLE.

You are wrong, dearest. After the emotion which you have had this morning, you require a little variety. Go and dress ; I have a great many papers to examine before my agent comes ; I will wait here for you by the fireside.

MARIE (*embrassant sa mère*).

J'ai besoin de tes caresses, car j'ai le cœur gros, bien gros. (*Elle sort.* MME. DARVILLE *examine des papiers pendant l'absence de sa fille.*)

MARIE (*kissing her mother*).

I need your caresses, for my heart is full, very full. (*She retires.* MRS. DARVILLE *looks over some papers during her daughter's absence.*)

MARIE (*en toilette très élégante, chapeau rose en satin et blonde, robe de gros de Naples gros vert, manteau de velours de la même couleur*).

Et le général qui doit venir

MARIE (*very stylishly dressed in a pink satin bonnet, trimmed with blonde, a dark green silk dress, and a velvet cloak of the same color*).

And the general, who is

nous voir aujourd'hui, maman ?

coming to see us to-day, mamma ?

Mme. Darville.

Je lui expliquerai le motif de ton absence. Du reste, je compte retenir ces messieurs à dîner ; Charles sera si heureux de les revoir. Voyons, il y a bientôt six semaines que nous sommes à Paris ; il s'est passé bien des choses dans ce court espace.

Mrs. Darville.

I will explain your absence to him. At all events, I will keep these gentlemen to dinner ; Charles will be so delighted to see them. Let me see, we have been here almost six weeks ; many things have occurred during that time.

Marie (*soupirant*).

Oui, cette vie de Paris vous vieillit terriblement.

Marie (*sighing*).

Yes, this Paris life makes one very old.

Mme. Darville (*riant*).

En effet, tu as l'air très vieux ; ce chapeau rose te donne cent ans. A propos, j'ai reçu ce matin un petit mot charmant de Madame Dorimont, qui nous engage à passer la soirée chez elle, mercredi ; c'est la fête du général.

Mrs. Darville (*laughing*).

In fact you look very old in that pink bonnet ; one would suppose you were a hundred. By the by, I received this morning a sweet little note from Mrs. Dorimont, inviting us to spend the evening with her on Wednesday ; it is the general's birth-day.

Marie.

Tant mieux, ils sont tous si bons, si aimables. L'autre jour, chez ma tante, j'étais amoureuse de ce charmant vieillard.

Marie.

So much the better, they are so kind, so agreeable. The other day, at aunt's, I was really in love with that dear old gentleman.

<table>
<tr><td>

Mme. Darville.

Je comprends ton admiration ; c'est un homme si comme il faut, si instruit. Il a un cœur d'or.

</td><td>

Mrs. Darville.

I can readily understand your admiration ; he is such a perfect gentleman, so refined, and so kind-hearted.

</td></tr>
<tr><td>

Bonchamp.

Mme. de Parnes attend mademoiselle dans la voiture.

</td><td>

Bonchamp.

Mme. de Parnes has called for you in the carriage, miss.

</td></tr>
<tr><td>

Marie.

Je descends, Bonchamp. Adieu, bonne mère.

</td><td>

Marie.

I am coming, Bonchamp. Good morning, mother.

</td></tr>
<tr><td>

Mme. Darville.

Adieu, mon ange.

</td><td>

Mrs. Darville.

Farewell, darling.

</td></tr>
</table>

* * *

<table>
<tr><td>

CHAPITRE XIV

Les Magasins.

———

Mme. de Parnes, Laure, Marie
(dans la voiture).

———

Mme. de Parnes.

Enfin, me voilà, mon enfant ; trois fois ces terribles migraines m'ont empêchée de venir vous chercher.

</td><td>

CHAPTER XIV.

The Stores.

———

Mme. de Parnes, Laura, Marie
(driving).

———

Mme. de Parnes.

· Here I am at last, Marie ; three times those terrible headaches have prevented my calling for you.

</td></tr>
</table>

MARIE.

Comment vous portez-vous aujourd'hui, ma tante ?

MARIE.

How are you to-day, aunt?

MME. DE PARNES.

Très bien, le temps est si beau. Jacques, à l'Eclair, c'est à deux pas. Nous y voilà. (*Elles sortent de voiture et entrent dans le magasin de l'Eclair.*)

MME. DE PARNES.

Very well, the weather is so fine. James, drive to the Eclair; it is only a few steps from here. Here we are. (*They step out of the carriage and walk into the store of the Eclair.*)

MME. DE PARNES (*à une des demoiselles*).

Montrez-moi des robes d'enfant ; quelque chose d'élégant, pour un baptême.

MME. DE PARNES (*to a young girl*).

Show me some infant dresses; something stylish, for a christening.

LA DEMOISELLE.

Oui, madame. Voilà qui est tout nouveau. En voici de plus chères ; cette dentelle est d'une richesse remarquable.

THE YOUNG GIRL.

Yes, ma'am. These are quite new. Here are others more expensive ; this lace is remarkably handsome.

LAURE (*à* MARIE).

Maman doit être la marraine de ma petite cousine de Mansigni.

LAURA (*to* MARIE).

Mamma is to stand godmother for my little cousin de Mansigni.

MME. DE PARNES.

Ceci est gentil. Tenez, en voici une que j'aime encore mieux. Quel est le prix de celle-ci ?

MME. DE PARNES.

This one is pretty. Here is another I like better. What is the price of it?

La Demoiselle.

Deux cents francs, madame.

The Young Girl.

Two hundred francs, ma'am.

Mme. de Parnes.

Marie, comment trouvez-vous cette toilette d'enfant ? Quel magnificence !

Mme. de Parnes.

Marie, how do you like this baby dress ? What extravagance !

Marie.

Beaucoup trop pour le pauvre petit être.

Marie.

A great deal too much for the poor little one.

Mme. de Parnes.

Nos usages sont absurdes. Enfin ! Je prendrai cette petite robe, mademoiselle. Montrez-moi des bonnets dans le même genre.

Mme. de Parnes.

Our customs are absurd. Well! I will take this dress. Show me some caps in the same style.

La Demoiselle.

Voici tout ce que nous avons de mieux.

The Young Girl.

These are the handsomest we have.

Marie.

Mais, ma tante, la pauvre enfant sera écrasée sous cette masse de dentelles et de rubans.

Marie.

But, aunt, the poor child will be loaded down with this mass of lace and ribbon.

Laure.

Il vaut autant qu'elle s'habitue de bonne heure aux ennuis de la mode. " Il faut souffrir pour être belle."

Laura.

She might as well get accustomed to the annoyances of fashion. "Pride must be pinched."

Mme. de Parnes.

Ce bonnet me convient aussi. Mademoiselle, envoyez-moi ces deux objets ce soir sans faute.

La Demoiselle.

Madame voudrait-elle voir des petits chapeaux ravissants, tout nouveaux ?

Mme. de Parnes.

Pas aujourd'hui, une autre fois. Bonjour, mademoiselle. (*Les dames remontent dans la voiture.*)

Mme. de Parnes.

Jacques, chez Delisle.

Marie.

J'aurais pu passer une heure à regarder ces jolis costumes d'enfant, ils sont si gentils.

Laure.

Tu n'es pas difficile. Je suis moins juvénile dans mes goûts.

Mme. de Parnes.

Comme notre peuple parisien se réjouit au soleil. On dirait un masse d'oiseaux sortis de leur cage.

Mme. de Parnes.

This cap will suit me. Send me these two articles this evening without fail.

The Young Girl.

Shall I show you some beautiful little bonnets, of a new style ?

Mme. de Parnes.

Not to-day, another time. Good morning. (*The ladies step into the carriage.*)

Mme. de Parnes.

James, drive to Delisle's.

Marie.

I could have spent an hour looking at those pretty baby things, they are so cunning.

Laura.

You are not hard to please. I am less juvenile in my fancies.

Mme. de Parnes.

How much our Parisians enjoy the sun. They look like birds just out of their cages.

Marie.

Ils ont de tristes cages bien souvent. On dit que la misère est affreuse dans cette immense ville.

Marie.

Those cages are often miserable dwellings. I am told the distress is terrible in this great city.

Mme. de Parnes.

Hélas ! oui. Nous aurons une loterie et un bal cet hiver, pour les pauvres. On fait beaucoup de charité, mais cela ne suffit pas.

Mme. de Parnes.

Alas! it is. We shall have a lottery and a ball for the poor, this winter. A great deal is done to relieve them, but it is not sufficient.

Laure.

Je suis toujours tentée de dire comme cette pauvre Marie Antoinette, lorsque le peuple manquait de pain : " Donnez-leur des brioches." Il semble impossible, avec tout le luxe qui nous entoure, que l'on n'ait pas de quoi vivre.

Laura.

I am always tempted to say, as poor Marie Antoinette did, when the people were starving : "Give them cake." It seems impossible, in the midst of all this luxury, that any one should be deprived of the necessaries of life.

Marie.

Cette idée me brise le cœur. (*La voiture s'arrête rue de Choiseuil, chez Delisle.*)

Marie.

This very thought breaks my heart. (*The carriage stops at Delisle's, rue de Choiseuil.*)

Mme. de Parnes (*à un commis*).

Monsieur, je voudrais voir des étoffes pour robes de soirée.

Mme. de Parnes (*to a clerk*).

I would like to look at some materials for evening-dresses.

Le Commis.

Veuillez passer par ici, mes-

The Clerk.

Will you step this way, ladames; donnez-vous la peine de vous asseoir. Est-ce pour grande soirée, étoffe légère, ou quelque chose de moins habillé?

dies? Take a seat? Do you wish to see something dressy, some light material, or a plainer style?

Mme. de Parnes.

Montrez - moi des toilettes roses.

Mme. de Parnes.

Show me some pink evening-dresses.

Le Commis.

Voilà qui est ravissant. L'Impératrice en portait une semblable au dernier bal de la cour; c'est un véritable nuage pour la légèreté.

The Clerk.

Here is a beautiful thing. The Empress wore one just like it at the last court-ball; it is exceedingly light and graceful.

Mme. de Parnes.

C'est joli, en effet; mais je voudrais un genre plus jeune personne.

Mme. de Parnes.

Very pretty, but I want a style more suitable for a young person.

Le Commis.

Oh! j'ai une étoffe qui conviendra parfaitement à madame: une charmante toilette à volants, en tulle et soie.

The Clerk.

Oh! I have a dress which will suit you exactly: a beautiful tulle and silk with flounces.

Mme. de Parnes.

Oui, c'est précisément ce qu'il me faut. Laure, comment trouvez-vous ceci?

Mme. de Parnes.

Yes, that is the very thing. Laura, how do you like this?

Laure.

Pas mal,—un peu lourd.

Laura.

So so,—rather heavy.

Mme. de Parnes.

Nous ne trouverons rien de mieux, il me semble. De quel prix est cette robe, monsieur ?

Mme. de Parnes.

I don't think we can find any thing prettier. What is the price of this dress, sir ?

Le Commis.

Trois cents francs, madame.

The Clerk.

Three hundred francs, ma'am.

Mme. de Parnes.

C'est bien cher pour une soirée, car la fraîcheur de ces toilettes en fait la grande beauté. Mettez cette robe de côté. Je prendrai aussi cette toilette gros bleu. Montrez - moi d'autres étoffes plus épaisses, des satins.

Mme. de Parnes.

It is very expensive for a single evening, as the freshness of these dresses constitutes their greatest beauty. Put this dress aside for me. I will take the dark-blue one also. Show me other materials, — something thicker, some satins.

Le Commis.

Voilà ce qu'il y a de mieux porté ; on garnit entièrement en velours cet hiver. La couleur amaranthe fait fureur ; c'est superbe à la lumière.

The Clerk.

These are the most worn this winter ; velvet trimmings are very fashionable. Crimson is all the rage ; it is beautiful by candle-light.

Mme. de Parnes.

Quel est le prix de cette étoffe soie et velours ?

Mme. de Parnes.

What is the price of this silk and velvet material ?

Le Commis.

Quarante francs le mètre, madame ; elle est d'une richesse remarquable.

The Clerk.

Forty francs a yard, ma'am. It is remarkably rich-looking.

MME. DE PARNES.

J'en prendrai une robe. Quels sont les manteaux à la mode, cet hiver ?

MME. DE PARNES.

I will take a dress of it. What is the style for cloaks, this winter ?

LE COMMIS.

Si madame veut passer à la confection je lui montrerai ce que nous avons de plus nouveau. Mais voici une robe à disposition que je voudrais que vous vissiez ; c'est une merveille.

THE CLERK.

Will you be kind enough to step to the cloak-room ? you will see our newest patterns. But allow me to show you this robe dress, it is perfectly beautiful.

MME. DE PARNES.

Trop beau, trop voyant ; mais tout à fait un objet d'art.

MME. DE PARNES.

Too fine, too showy ; but really a work of art.

LE COMMIS.

Voici différentes formes de manteaux. (*A une demoiselle de boutique.*) Mademoiselle, voulez-vous essayer ces vêtements pour ces dames ?

THE CLERK.

There are a variety of patterns. (*To a young girl.*) Try on these cloaks to let the ladies judge how they fit.

MME. DE PARNES.

Je ne vois rien de très nouveau. Je voudrais du blanc, pour visites de noce.

MME. DE PARNES.

I don't see any thing very new. I should like something white, for a bride.

LE COMMIS.

Je vais vous montrer une pe-

THE CLERK.

I will show you a beautiful

tite pelisse en moire blanche, garnie d'hermine d'un goût exquis.	white moire short cloak, trimmed with ermine.
MME. DE PARNES.	**MME. DE PARNES.**
Ce n'est pas mal. Marie, comme cela vous irait bien, mon enfant.	It is quite pretty. How becoming it would be to you, Marie.
MARIE.	**MARIE.**
C'est beaucoup trop beau.	Much too fine.
LAURE.	**LAURA.**
Je ne suis pas de ton avis. Nous choisissons ce modèle-là, n'est-ce pas, maman ?	I do not think so. We select this pattern, do we not, mamma ?
MME. DE PARNES.	**MME. DE PARNES.**
Je veux bien. Pouvez-vous m'en faire un pareil avant huit jours ?	I am willing. Can you have a similar one made for me in a week ?
LE COMMIS.	**THE CLERK.**
Sans doute. Madame veut-elle voir autre chose ?	Certainly. Will you look at any thing else ?
MME. DE PARNES.	**MME. DE PARNES.**
Je voudrais des volants en dentelle noire.	I should like to see some black lace flounces.
LE COMMIS.	**THE CLERK.**
Nous en avons de très beaux. En voici d'un genre nouveau.	We have very handsome ones. Here are some of a new style.

MME. DE PARNES.

Ceux-ci me paraissent plus fins. Je préfère deux larges volants à trois volants étroits; ils sont plus beaux en général.

MME. DE PARNES.

These appear finer to me. I prefer two wide flounces to three narrower ones; they are generally handsomer.

LE COMMIS.

Madame veut-elle une garniture de corsage en pareil?

THE CLERK.

Will you have a trimming for the waist of the same?

MME. DE PARNES.

Oui. De quel prix est cette garniture complète?

MME. DE PARNES.

Yes. What is the price of this set?

LE COMMIS.

Mille francs, madame.

THE CLERK.

A thousand francs.

MME. DE PARNES.

Je prendrai la moins chère de ces deux-ci; elles sont également belles. Envoyez-moi tous ces objets à l'Hôtel de Parnes.

MME. DE PARNES.

I will take the less expensive of these two; they are equally pretty. Send me all these things to the Hotel de Parnes.

LE COMMIS.

Je connais l'adresse de madame. Y ajouterai-je la note?

THE CLERK.

I know your direction, ma'am. Shall I inclose the bill?

MME. DE PARNES.

Oui, monsieur. Bonjour. (*Les dames remontent en voiture.*)

MME. DE PARNES.

Yes. Good morning. (*The ladies return to the carriage.*)

MME. DE PARNES.

Chez Constantin, Jacques.

MME. DE PARNES.

To Constantin's, James.

LAURE.

Quel monde que ces magasins! Ils sont bien fatigants à parcourir.

LAURA.

What a world these stores are! It is fatiguing to walk through them.

MARIE.

En voyant ces belles dentelles, je ne pouvais m'empêcher de soupirer en pensant à toute la peine, aux veilles forcées qu'elles ont coûtées. Plus d'une larme amère est tombée sur leurs réseaux.

MARIE.

While I was looking at those beautiful laces, I could not help sighing at the thought of the toil and long vigils which they have cost. Many a bitter tear has fallen upon them.

LAURE.

Tu as manqué ta vocation, Marie; tu aurais dû être missionnaire aux Grandes Indes.

LAURA.

Marie, you have mistaken your vocation ; you should have been a missionary to India.

MARIE.

Il me semble qu'il y a assez à faire pour soulager ses semblables sans aller si loin.

MARIE.

Methinks there is enough to do for the relief of our fellow-beings without going so far.

MME. DE PARNES.

Et cela n'empêche pas d'être marquise et de porter des diamants; n'est-ce pas, Marie?

MME. DE PARNES.

And that does not prevent one's becoming a marchioness, and wearing diamonds either; does it, Marie?

MARIE.

Je ne sais pas, ma tante.

MARIE.

I don't know, aunt.

Mme. de Parnes.

Vous avez cependant exprimé une bien grande admiration pour la couronne de marquis, il y a quelques jours, en présence de quelqu'un qui en porte une.

Mme. de Parnes.

You certainly did express a great admiration for the coronet of a marquis, the other day, before a person who is entitled to wear one.

Marie.

Oh ! je la trouve charmante, en effet.

Marie.

Oh ! I think it beautiful.

Mme. de Parnes.

Ce pauvre Forlis était si heureux ! Il faut avouer que sa respectueuse admiration mérite bien une récompense.

Mme. de Parnes.

Poor Forlis, he was so happy ! You must confess that his respectful admiration deserves a reward.

Marie.

Nous verrons, chère tante. Il me faut toujours beaucoup de temps pour me décider à quelque chose.

Marie.

We will see about it, dear aunt. It always takes me a long time to make up my mind to any thing.

Mme. de Parnes.

Peut-être se fatiguera-t-il d'attendre.

Mme. de Parnes.

Perhaps he may get tired of waiting.

Marie.

Alors, ce ne serait pas une perte que je ferais là. (*La voiture s'arrête chez Constantin.*)

Marie.

Then he would be no loss. (*The carriage stops at Constantin's.*)

LAURE (*bas à* MARIE).

Maman n'est pas contente de toi.

LAURA (*whispering to* MARIE).

Mamma is not pleased with you.

MME. DE PARNES (*à la demoiselle*).

Je voudrais voir une guirlande en acacia rose.

MME. DE PARNES (*to the young girl*).

I would like to see a wreath of pink acacia.

LA DEMOISELLE.

En voici une charmante. On porte beaucoup de chèvrefeuille, c'est encore plus léger.

THE YOUNG GIRL.

Here is a very pretty one. Honeysuckle is very much worn, it is more graceful.

MME. DE PARNES.

Je préfère l'acacia. Ce bouquet de corsage n'est pas assez fourni.

MME. DE PARNES.

I prefer the acacia. This bouquet is not full enough.

LA DEMOISELLE.

J'y ajouterai quelques fleurs.

THE YOUNG GIRL.

I will add a few flowers to it.

MME. DE PARNES.

Montrez-moi des guirlandes de mariée. En avez-vous de nouvelles ?

MME. DE PARNES.

Show me some bridal wreaths. Have you any new ones ?

LA DEMOISELLE.

Oui, de différents genres ; voici les mieux portées.

THE YOUNG GIRL.

Yes, of different styles ; these are the most genteel.

MME. DE PARNES.

Elles sont assez jolies, mais je

MME. DE PARNES.

They are rather pretty, but

6

n'admire pas ce feuillage. Pourriez-vous m'en faire faire une toute blanche ? Laure, essayez celle-ci.

I do not like those leaves. Can you have one made for me entirely white ? Laura, try this one on.

La Demoiselle.

Elle vous sied à merveille, c'est élégant au possible. Madame a-t-elle été contente de la garniture de robe qu'elle a commandée il y a huit jours pour le bal de Mme. Mercourt ?

The Young Girl.

It is very becoming to you, and perfectly elegant. Were you pleased with the flowers you ordered a week ago, to trim a dress for Mrs. Mercourt's ball ?

Mme. de Parnes.

Elle a été très admirée. Porte-t-on toujours des fruits et des feuillages d'automne ?

Mme. de Parnes.

It was very much admired. Are fruit and fall-leaves still worn ?

La Demoiselle.

Beaucoup, madame. La Princesse Mathilde avait une toilette de ce genre au bal du Ministre de l'Intérieur. On dit qu'elle était ravissante.

The Young Girl.

A great deal, ma'am. The Princess Matilda wore a dress trimmed in that way at the ball given by the Ministre de l'Intérieur. I am told it was beautiful.

Mme. de Parnes (à Mme. de Brevannes *qui entre*).

Quel bonheur de vous rencontrer, chère madame. (*A* Miss Howard.) Bonjour, mademoiselle.

Mme. de Parnes (*to* Mme. de Brevannes, *who enters the store*).

How happy I am to see you, dear madam. (*To* Miss Howard.) How are you, Miss Howard ?

MME. DE BREVANNES.

Quelle bonne fortune pour nous! Oh! nous voilà déjà en mariée, Mademoiselle Laure! Cette coiffure est charmante.

LAURE.

Je ne la trouve pas très jolie.

FANNY (*bas à* MARIE).

Je vous en prie, dites-moi qui m'a envoyé ce bouquet. Je meurs d'envie de le savoir.

MARIE (*bas*).

Et si c'était quelqu'un qui vous déplût?

FANNY (*bas*).

Non, non. J'ai un petit soupçon; mais non, je dois me tromper.

MARIE (*bas*).

Si c'était Arthur de Brevannes?

FANNY (*bas*).

Oh! ne me dites pas que c'est lui.

MME. DE PARNES.

Il me semble qu'on conspire

MME. DE BREVANNES.

We are lucky, this morning. Oh! already in bridal attire, Miss Laura? That head-dress is beautiful.

LAURA.

I do not think it very pretty.

FANNY (*whispering to* MARIE).

Do tell me who sent me that bouquet. I am dying to know.

MARIE (*whispering*).

Suppose it should be some one you do not fancy?

FANNY (*whispering*).

No, it is not. I have a slight suspicion about it; but no—I must be mistaken.

MARIE (*whispering*).

Suppose it should be Arthur de Brevannes?

FANNY (*whispering*).

Oh! do not tell me it is he.

MME. DE PARNES.

There is a conspiracy going

là-bas. Marie, venez donc essayer cette guirlande de mariée ; je veux voir l'effet qu'elle produit sur des bandeaux.

on over there. Marie, do try on this bridal wreath ; I would like to see how it looks on bandeaux.

MARIE (*essayant les fleurs*).

Elle va bien mieux à Laure.

MARIE (*trying on the flowers*).

It is much more becoming to Laura.

MME. DE PARNES (*à* MME. DE BREVANNES).

Quelle jolie mariée !

MME. DE PARNES (*to* MME. DE BREVANNES).

What a lovely bride !

LAURE.

Allons, maman, je prends celle-ci. Il est trois heures ; M. de Montreuil nous attendra chez Janisset.

LAURA.

Come, mamma, I will take this one. It is three o'clock ; M. de Montreuil will be expecting us at Janisset's.

MME. DE PARNES.

C'est vrai. Je m'oubliais parmi toutes ces fleurs. Adieu, madame. Ces clochettes bleues iront parfaitement sur les cheveux blonds de Miss Fanny.

MME. DE PARNES.

That is true. In the midst of these flowers I had forgotten myself. Farewell. These blue-bells will look sweetly on Miss Fanny's light hair.

FANNY (*avec indifférence*).

Mme. de Brevannes me coiffe, m'habille à son goût. Je suis tout à fait indifférente à cet égard.

FANNY (*carelessly*).

Mme. de Brevannes orders my dresses and head-dresses according to her taste. I am very indifferent on the subject.

MME. DE BREVANNES.

Beaucoup trop, petite chatte.

MME. DE BREVANNES.

A great deal too indifferent,

Adieu, mesdames. A bientôt. (*Les dames remontent en voiture.*)

Miss Puss. Farewell, ladies. I will see you soon, I hope. (*The ladies return to the carriage.*)

LAURE.

Nous ne pourrons rester qu'un instant chez le joaillier, maman. Je dois me trouver chez Mme. de Lussan à quatre heures.

LAURA.

We will not be able to stay more than a few minutes at the jeweller's, mamma. I must be at Mme. de Lussan's at four o'clock.

MME. DE PARNES.

Oui, oui ; c'est tout près d'ici. Du reste, la duchesse est rarement exacte dans ses rendez-vous. Marie, vous avez l'air un peu fatiguée.

MME. DE PARNES.

Yes ; it is not far from here. Besides, the duchess is very seldom punctual in her appointments. Marie, you look tired.

MARIE.

La tête se ressent du bruit et de la variété d'objets que l'on voit dans les magasins.

MARIE.

The noise and great variety of things, which one sees in the stores, are apt to give one a headache.

LAURE.

Il faut l'habitude de toutes ces choses-là. Je ne m'en fatigue jamais. Ah ! nous voilà : j'aperçois M. de Montreuil. Y a-t-il longtemps que vous nous attendez, monsieur ?

LAURA.

You must become accustomed to all these things. I never tire of them. Ah ! here we are : I see M. de Montreuil. Have you been waiting for us long ?

M. DE MONTREUIL.

Quelques minutes seulement.

M. DE MONTREUIL.

A few minutes only. (*The*

(Les dames sortent de voiture et entrent chez Janisset.)

M. DE MONTREUIL.

Montrez-nous la parure de diamants que j'ai choisie ce matin. En voici une autre à votre choix.

MME. DE PARNES.

Il me semble que pour la grosseur des diamants, ils ne font pas beaucoup d'effet. Ceux de votre cousine sont bien plus avantageusement montés.

LE JOAILLIER.

Voici une monture pareille à celle dont vous parlez ; si vous la comparez à celle que M. de Montreuil a choisie, vous verrez, madame, qu'elle est beaucoup moins élégante.

LAURE

Certainement, maman ; ceci est bien plus nouveau. Les boucles d'oreilles surtout sont charmantes.

MME. DE PARNES.

Je me rends à la majorité.

LE JOAILLIER.

Voici la châtelaine ; c'est un

ladies leave the carriage, and walk into Janisset's.)

M. DE MONTREUIL.

Show us the set of diamonds which I selected this morning. Here is another one ; you can choose between the two.

MME. DE PARNES.

It seems to me that, considering the size of the diamonds, they do not produce much effect. Your cousin's are set to much more advantage.

THE JEWELLER.

Here is a setting similar to the one you allude to. If you compare it to that which M. de Montreuil has selected, you will find it much less elegant.

LAURA.

Certainly, mamma ; this is much more modern. The earrings particularly are beautiful.

MME. DE PARNES.

I give up to the majority.

THE JEWELLER.

Here is the châtelaine ; it is

véritable objet d'art; rien ne peut être plus distingué. Est-elle à votre goût, madame?

really a work of art; nothing can be more genteel. Does it suit your fancy, ma'am?

MME. DE PARNES.

Il me serait impossible de lui trouver un défaut. Cette petite couronne de comtesse en brillants est trop jolie.

MME. DE PARNES.

It is faultless. This little coronet of diamonds is exquisite.

LAURE.

C'est un bijou!

LAURA.

It is a love!

LE JOAILLIER.

Voici encore deux bracelets que M. de Montreuil a choisis ce matin; c'est d'un genre tout nouveau.

THE JEWELLER.

Here are also two bracelets which M. de Montreuil selected this morning; the style is very new.

LAURE

M. de Montreuil fait des folies.

LAURA.

M. de Montreuil is too extravagant.

M. DE MONTREUIL.

Nous discuterons cela une autre fois, belle dame. Ces bracelets vous plaisent-ils?

M. DE MONTREUIL.

We will discuss the matter another time, fair lady. Do you like these bracelets?

LAURE.

Ils sont superbes!

LAURA.

They are superb!

MME. DE PARNES.

Quelle charmante petite montre!

MME. DE PARNES.

What a sweet little watch!

Le Joaillier.

Elle est à Mme. de Lussan.

The Jeweller.

It belongs to Mme. de Lussan.

Laure.

Oh! cela me fait penser que la duchesse nous attend.

Laura.

Oh! that reminds me that the duchess is expecting us.

Mme. de Parnes.

J'ai une place à vous offrir, Alfred.

Mme. de Parnes.

I have a seat to offer you, Alfred.

M. de Montreuil.

J'accepte avec plaisir, madame. (*Les dames remontent en voiture.*)

M. de Montreuil.

I accept it with pleasure. (*The ladies return to the carriage.*)

Laure (*à Jacques*).

A l'Hôtel de Hollande. Marie, tiens, voilà M. de Forlis qui nous salue, là, à droite. Il me semble que tu réponds bien froidement.

Laura (*to James*).

Drive to the Hotel de Hollande. Marie, there is M. de Forlis bowing to us, there, on the right. You do not seem to notice him.

Mme. de Parnes.

Que s'est-il donc passé depuis hier? Si le marquis avait eu l'adresse de vous demander en mariage alors, je crois que vous auriez consenti volontiers à porter son titre. Aujourd'hui vous êtes toute changée.

Mme. de Parnes.

What has taken place since yesterday? If the marquis had been smart enough to offer himself then, I think you would willingly have consented to bear his title. To-day your feelings are no longer the same.

MARIE.

Vous vous trompez, ma tante. J'estime beaucoup M. le marquis.

MME. DE PARNES.

Est-ce tout ?

M. DE MONTREUIL.

Ah ! ma jolie cousine est capricieuse.

MARIE.

Nous voilà rendues. Adieu, chère tante, et merci mille fois pour l'agréable matinée que vous m'avez fait passer. Adieu, Laure. Mon cousin futur, au revoir. Vous verrez, d'ici à dix ans, si je suis capricieuse.

MME. DE PARNES.

A demain soir, mon enfant : c'est mon jeudi.

LAURE.

Bonjour, Marie. (*A* JACQUES.) Chez Mme. de Lussan.

MARIE.

You are mistaken, aunt. I think very highly of the marquis.

MME. DE PARNES.

Is that all ?

M. DE MONTREUIL.

Ah ! my pretty cousin is capricious.

MARIE.

Here we are. Farewell, dear aunt; many thanks for the agreeable morning I have spent. Good by, Laura. Farewell, cousin that is to be. You will see, between this and ten years, whether I am capricious or not.

MME. DE PARNES.

I shall expect you to-morrow evening : it is my Thursday at home.

LAURA.

Good morning, Marie. (*To* JAMES.) Drive to Mme. de Lussan's.

6*

CHAPITRE XV.

La Soirée en Famille.
Après le Dîner.

———

Mme. Darville.—Marie.—Le général Bertrand.—George Dalbret.—Charles.—Bonchamp.

———

Le Général Bertrand.

En vérité, c'est un plaisir de venir à Paris, pour y faire si bonne chère ; votre table est excellente.

Marie.

Vous trouvez, général ? Eh bien ! moi, je donnerais toutes les friandises de chez Chevet, pour une jatte de crème et du pain bis.

Charles.

C'est un goût dépravé ; ou une affectation, ma très chère marquise.

Marie.

Charles, nous nous fâcherons.

CHAPTER XV.

The Evening at Home.
After Dinner.

———

Mrs. Darville.—Marie.—General Bertrand.—George Dalbret.—Charles.—Bonchamp.

———

General Bertrand.

Well ! it is a real treat to come to Paris, to enjoy such good living ; you have an excellent table.

Marie.

Do you think so, general ? Well ! I would give all the delicacies which are sold at Chevet's, for a cup of cream and some rye bread.

Charles.

You have a depraved taste ; or else you are very affected, my dear marchioness.

Marie.

Charles, I shall quarrel with you.

GEORGE (*riant*).

Je vois qu'on se dispute à Paris, comme à Vogerolles.

MARIE.

Charles me rend la vie dure ; le méchant ! Je ne vous aime plus du tout, monsieur.

CHARLES (*l'embrassant*).

Allons, chère petite sœur ; je ne le ferai plus. Me pardonnes-tu ?

LE GÉNÉRAL.

Voyons, mes enfants. Parlez-moi un peu de ce que vous avez vu ici.

MME. DARVILLE (*sonnant, à* BONCHAMP *qui entre*).

Dites à Suzette de m'envoyer ma corbeille à ouvrage. Général, vous êtes bien mal assis ; prenez ce fauteuil. Ces jeunes gens vont vous conter mille choses, qui vous retiendront assez tard.

LE GÉNÉRAL.

N'oubliez pas, qu'après dix heures, je dors profondément. Jusque là, je suis tout oreilles.

GEORGE (*laughing*).

I see that you do not agree any better here than you did at Vogerolles.

MARIE.

Charles worries me to death ; naughty fellow ! I do not love you one bit, sir.

CHARLES (*kissing her*).

Come, sister dear ; I won't do it any more. Will you forgive me ?

THE GENERAL.

Let us hear something about all that you have seen here, my children.

MRS. DARVILLE (*ringing the bell. To* BONCHAMP, *who enters*).

Tell Suzette to send me my work-basket. General, you have an uncomfortable seat ; take this arm-chair. These young people will chat about a thousand things, which will keep you up pretty late.

THE GENERAL.

Remember, that after ten o'clock, I shall be fast asleep. Until then, I am a most atten-

D'abord, avez-vous vu Rachel?

CHARLES.

Je cède la parole à Marie, que j'ai trouvée l'autre jour devant une glace, imitant Camille, dans les Horaces. Ce n'était pas une mauvaise imitation du tout—vraiment!

GEORGE.

Charles, si tu ne cesses tes farces, nous n'apprendrons rien. Mademoiselle Marie, continuez je vous en prie.

MARIE.

Il me serait tout à fait impossible, de vous donner une idée de la célèbre tragédienne. Il faut la voir, l'entendre—c'est la perfection dans toute l'acception du mot! En la voyant—tenez—dans les Horaces—je me croyais à Rome, je m'identifiais avec toutes les sensations de Camille, et l'attraction que cette femme extraordinaire exerce sur moi, est si grande, que même si je me croyais exposée à un danger en l'écoutant, je ne saurais résister au charme de l'entendre.

tive listener. First, have you seen Rachel?

CHARLES.

I will let Marie describe her, as I caught her the other day before the glass, imitating Camille, in the Horaces. And a pretty good imitation it was—really!

GEORGE.

Now, Charles, if you do not stop your fun, we shall not hear any thing. Miss Marie, pray go on.

MARIE.

It would be quite impossible for me to give you an idea of the celebrated tragedian. You must see her, hear her—she is perfection to its fullest extent! When I saw her, in the Horaces, for instance, I fancied myself at Rome. I became identified with all Camille's feelings, and the attraction which this extraordinary woman exercises over me is so great, that were I exposed to any immediate danger, I could not resist the temptation of listening to her.

Mme. Darville.

C'est la fascination du génie; peu de personnes peuvent s'y soustraire.

Mrs. Darville.

It is the fascination of genius; few are exempt from its effects.

Le Général.

J'ai éprouvé cette sensation, en entendant Mlle. Mars; seulement son genre de séduction, était plus gracieux, moins grave.

The General.

I remember feeling the same sensation when I heard Mlle. Mars; with this difference, that her attractions were of a softer nature.

Marie.

Voyez-vous, général, le talent de Rachel et la voix d'Alboni, sont deux merveilles aussi extraordinaires dans leur genre que celles de la Grèce, dont maman me parlait toujours dans mon enfance.

Marie.

Really, general, Rachel's talent and Alboni's voice, are two wonders quite as extraordinary as the seven of ancient times, which mamma used to describe to me in my childhood.

Charles.

Il est vrai qu'Alboni est un colosse, presqu'aussi merveilleux que celui de Rhodes.

Charles.

True, Alboni is quite as marvellous a colossus as that of Rhodes.

Marie.

Il faut que nous allions ensemble entendre Rachel dans le rôle d'Hermione; dans Phèdre elle est admirable! Il y a aussi aux Français, une jeune actrice, Madeleine Brohan, qui vous fera plaisir. Elle est charmante, dans les Contes de la Reine de

Marie.

We must go together to see Rachel as Hermione; in Phèdre she is admirable—grand! At the Français there is also a young actress, Madeleine Brohan, whom you will hear with pleasure. In the Contes de la Reine de Navarre, the demoi-

Navarre, les demoiselles de St. Cyr et Mademoiselle de la Seiglière, elle est jolie et gracieuse au possible.

Le Général.

Comme nous allons nous amuser! Et à l'opéra, chère enfant, qu'avez-vous entendu?

Marie.

Le Prophète. Le rôle de Fidès est chanté par cette merveilleuse Alboni, dont la voix vibre jusqu'au fond du cœur. Elle n'est pas bonne actrice et peu gracieuse de sa personne; mais elle a un talent unique. C'est le Rossignol du chant. Elle est superbe dans le chef d'œuvre de Meyerbeer. Roger m'a fait grand plaisir aussi, et quant à la mise en scène, c'est d'une perfection rare. Nous avons entendu le Juif Errant, l'Etoile du Nord; mais la musique ne me plaît pas autant que celle du Prophète, des Huguenots et de Robert le Diable.

BONCHAMP (*apportant une corbeille de hyacinthes*).

Pour mademoiselle.

selles de St. Cyr and Mademoiselle de la Seiglière, she is sweetly graceful.

The General.

How much pleasure we have in store! And what have you heard at the opera, dear child?

Marie.

The Prophet. The part of Fidès is sung by that wonderful Alboni, whose voice finds an echo in the depth of one's heart. She is a poor actress and not graceful; but her talent cannot be equalled. She is the nightingale of song. In Meyerbeer's master-piece, she is magnificent. I was also much pleased with Roger, and as for the scenery, it is got up with rare perfection. We heard the Juif Errant and the Etoile du Nord; but I do not like that music as well as the Prophet, the Huguenots and Robert le Diable.

BONCHAMP (*brings in a basket of hyacinths*).

This is for Miss Marie.

CHARLES.

Tiens! la carte de Forlis. Une galanterie d'un élégant marquis, qui possède cent mille livres de rente, général.

LE GÉNÉRAL.

Comment, ces fripons de Parisiens te font déjà la cour, Petite?

GEORGE (*tristement*).

Cela n'est pas étonnant, mon oncle; ils ne sont ni aveugles, ni sourds.

MARIE.

C'est une histoire toute simple. L'autre soir, chez Mme. Mercourt, je dansais avec ce monsieur, et j'admirais beaucoup une corbeille, dans le genre de celle-ci. C'est sans doute à cause de cela qu'il s'est permis de me l'offrir.

CHARLES.

Oui, général. Nous sommes lancés dans la haute aristocratie. Le faubourg St. Germain nous fait des grâces; ce sont des bals, des soirées, des pro-

CHARLES.

Ah! a card from Forlis. A delicate attention from an exquisite marquis, who possesses an income of a hundred thousand francs, general.

THE GENERAL.

What! these Parisians are courting you already, Petite?

GEORGE (*sadly*).

No wonder, uncle; they are neither deaf, nor blind.

MARIE.

The story is a very simple one. The other evening, at Mrs. Mercourt's, I was dancing with that gentleman, and happened to admire a basket like this. It is probably for that reason he took the liberty of sending me one.

CHARLES.

Yes, general. We are launched in tip-top aristocracy. The Faubourg St. Germain loads us with favors—balls, parties, rides on horseback to the Bois. To-

menades au Bois. Demain encore, si vous voulez vous promener dans les Champs Elysées, vers trois heures, vous verrez passer Mademoiselle Darville et son amiable frère, sans compter sa noble cousine de Parnes, accompagnés d'un comte et d'un marquis. Me vois-tu, George, avec mes idées républicaines en pareille société ? Aussi, c'est par pur dévouement pour Marie, qui, à toute force, veut être marquise.

MME. DARVILLE.

En vérité, Charles, vous déraisonnez.

GEORGE (*souriant*).

J'ai dans l'idée, mon cher ami, que tes velléités républicaines s'arrangent à merveille de leur nouvel entourage.

CHARLES.

George, tu te méprends. Moi ! renoncer à ce grand principe ? à ce rêve de mes jeunes années ?—jamais !

LE GÉNÉRAL.

Enfin, n'importe. Plus je vis et plus je vois, que je suis un

morrow we go again. If you should fancy a walk at the Champs Elysées, towards three o'clock, you will see Miss Darville, her accomplished brother, moreover, her noble cousin de Parnes, accompanied by a marquis and a count. George, can you fancy me, with my republican notions, in such company ? But it is out of sheer devotion to Marie, who insists upon being a marchioness.

MRS. DARVILLE.

Really, Charles, you talk in a very foolish manner.

GEORGE (*smiling*).

I rather think, my dear fellow, that your republican principles are satisfied with their new social position.

CHARLES.

George, you misunderstand me. What ! give up that great principle, the cherished dream of my youth ?—never !

THE GENERAL.

Well, no matter. The longer I live, the more I think

vieux sot; malgré mes soixante et quinze ans.

myself an old fool, notwithstanding my seventy-five years of experience.

MARIE.

Non; vous êtes le meilleur, le plus aimable des vieux amis. Nous réussirons bien à vous le persuader; n'est-ce pas, maman?

MARIE.

No; you are the kindest, the best of old friends. We will talk you into that conviction; will we not, mamma?

MME. DARVILLE.

Je l'espère bien, mon enfant. Voyons; ces fleurs sont bien belles, mais elles ont interrompu notre petite causerie. Vous nous disiez que vous aviez été au Louvre aujourd'hui. Avez-vous remarqué ce tableau de l'Ange Gardien, qui fait courir tout Paris? N'est-il pas admirable?

MRS. DARVILLE.

I hope so, dear child. Come; these flowers are very beautiful, but they have interrupted our little chat. You were telling us that you had been to the Louvre to-day. Did you notice the painting of the Guardian Angel, which all the Parisians have been to see? Is it not beautiful?

GEORGE.

J'ai passé une heure à le contempler. D'abord, parcequ'il ressemble vraiment à Mademoiselle Marie, et ensuite, parcequ'il a un mérite réel. C'est la nature—il semble qu'on pourrait entendre les paroles de consolation que l'Ange adresse au pauvre jeune homme qu'il vient visiter: c'est d'une beauté rare!

GEORGE.

I was a whole hour looking at it; partly because it is really a strong likeness of Miss Marie, and for its own intrinsic merit. It is nature itself—you can almost fancy you hear the consoling words which the Angel addresses to the unfortunate youth whom he is visiting: it is a very fine painting!

Le Général.

J'en ai été si ravi, que j'y suis revenu deux fois. Le nom du peintre est tout-à-fait inconnu ; il est signé Raphaël—quelle singulière idée !

The General.

I was so delighted with it that I returned twice to look at it. The name of the painter is unknown ; it is signed Raphael —what a strange fancy !

Mme. Darville.

Oui, c'est inconcevable ! Ce tableau doit avoir une grande valeur, et il n'est pas présumable que l'artiste soit riche.

Mrs. Darville.

Yes, quite inconceivable ! The painting must be very valuable, and most probably the artist is not rich.

Le Général.

Avez-vous visité les monuments publics ?

The General.

Have you visited any of the public buildings ?

Marie.

Nous en avons vu quelques-uns—le Luxembourg, la Bibliothèque Impériale, l'Hôtel de Cluny, qui m'a vivement intéressée. Nous avons été à Versailles, à Fontainebleau, à St. Cloud, etc. Mais je veux revoir toutes ces belles choses avec vous. George a une mémoire si exacte, qu'il doit être un charmant cicérone.

Marie.

We have seen a few—the Luxembourg, the Imperial Library, the Hotel de Cluny, which I enjoyed very much. We have been to Versailles, Fontainebleau, St. Cloud, etc. But I must see all those magnificent sights again with you. George has such a capital memory, he must be an excellent guide.

George.

Depuis que j'ai l'esprit aux affaires, je m'aperçois que je perds un peu cette facilité que je possédais autrefois.

George.

Since my mind has been bent on business, I notice that I have partially lost that ready memory which I possessed formerly.

Le Général.

C'est la vieillesse qui se fait sentir. A vingt-cinq ans, c'est très probable. Heureuse jeunesse ! hein ! Madame Darville ? Ils ne savent pas apprécier leur bonheur.

The General.

It is the effect of old age. At twenty-five it is quite probable. Happy young folks ! hey ! Mrs. Darville ? They do not appreciate their advantages.

Mme. Darville.

Je vous dirai, mon vieil ami, que pour moi, le déclin de la vie n'a rien de pénible. Je n'ai qu'un désir—c'est de voir mes enfants heureux. Ma tâche une fois accomplie, j'irai finir mes jours à Vogerolles, avec une douce satisfaction.

Mrs. Darville.

To tell you the truth, my old friend, I view the decline of life without bitterness. The happiness of my children is my only aim. My task once accomplished, I will end my days in sweet quietude at Vogerolles.

Le Général.

Tout cela est charmant en théorie ; mais attendez que les petites infirmités vous arrivent, que vous ne puissiez plus jouir de la vie, vous m'en direz des nouvelles, chère dame.

The General.

All that is very fair as a theory ; but let the minor infirmities creep upon you and deprive you of the enjoyments of life, then you will sing another song, dear lady.

Charles (*qui a feuilleté un album*).

C'est fort amusant ce que vous dites là. Depuis le compliment qu'on m'a fait tout-à-l'heure sur mon bavardage, je

Charles (*who has been looking at an album*).

Well, you are very amusing. I had kept quiet, since you scolded me just now about my loquacity ; but I really was

m'étais tenu coi. Mais, en vérité, j'étais beaucoup plus drôle! Tu sais, maman, que les sujets de vieillesse, de séparation, te sont défendus. D'abord, pour ma part, je n'épouserai jamais qu'une femme qui t'adorera et qui aimera Vogerolles; c'est une chose arrangée. Quant à Marie, si elle veut habiter Paris, eh bien! nous la confierons aux *soins empressés* de ma tante de Parnes, et nous viendrons de temps en temps la voir.

more entertaining. Now, mother, you know that you are not allowed to mention those subjects—old age and separation. First and foremost, I never shall marry any woman who will not love you dearly, and like Vogerolles; that is settled. As for Marie, if she insists upon living in Paris, we will intrust her to the *anxious care* of our aunt de Parnes, and we will come to see her, now and then.

MARIE.

Eh bien! voilà un arrangement bien aimable pour moi, monsieur. Je me vengerai, et si vous continuez à me tourmenter, j'épouserai le général.

MARIE.

Well, that is a very nice arrangement for me, sir. I won't put up with it, and if you continue to worry me, I will marry the General.

LE GENERAL.

Je donne mon consentement.

THE GENERAL.

I agree to that.

(BONCHAMP *apporte du thé, une brioche et un baba.*)

(BONCHAMP *brings in the tea, a brioche and a baba.*)

MME. DARVILLE.

La discussion a dû vous donner de l'appétit, mes enfants. George est le seul raisonnable de nous cinq.

MRS. DARVILLE.

Your discussion must have given you an appetite, my children. George is the only reasonable one among us.

MARIE.

Je crois bien ; Charles ne le taquine pas ; d'ailleurs, il a toujours été notre mentor.

MARIE.

No wonder, Charles does not tease him. Besides, he has always been our mentor.

GEORGE.

Ce n'est pas un rôle bien difficile à remplir.

GEORGE.

It is not a difficult task, by any means.

MARIE.

Je ne sais pas trop. Général, vous servirai-je du thé ? Charles, tisonne donc un peu ce pauvre feu qui s'en va. Il fait si froid ce soir.

MARIE.

I don't know about that. General, shall I give you a cup of tea ? Charles, do stir that fire, it is going out. It is so cold to-night.

LE GÉNÉRAL.

Une bonne tasse de thé n'est pas de refus.

THE GENERAL.

A good cup of tea is very acceptable.

MME. DARVILLE.

Nous devons de la reconnaissance aux Anglais, pour cet agréable usage ; il nous est venu avec le mot *comfort*, qui exprime si bien tout ce qui peut contribuer au bien-être de la vie.

MRS. DARVILLE.

We owe a debt of gratitude to the English for this agreeable custom, which came to us at the same time as the word *comfort*, which expresses so well all that can contribute to make life agreeable.

GEORGE.

Il nous manque aussi le *home* des Anglais et des Américains. Cela me rappelle, que

GEORGE.

The *home* of the English and Americans, is also missing in our language. This reminds

ce matin M. Dorimont me parlait d'une delicieuse petite Américaine, adoptée par Mme. de Brevannes. Il paraît qu'elle est charmante de beauté, de grâce et de naïveté.

me of what Mr. Dorimont was telling me this morning, about a sweet American girl, whom Mme. de Brevannes has adopted. It appears, she is a lovely person; pretty, graceful, and so unaffected.

Mme. Darville.

On l'admire beaucoup dans le monde; mais, n'ayant pas de dot, il sera difficile de la marier.

Mrs. Darville.

She is very much admired in society; but having no dower, she will not marry very easily.

Le Général.

George, voyons; voilà un parti à prendre. Sans être millionnaire, si cette jeune personne est raisonnable, tu pourras encore lui faire une petite existence très agréable.

The General.

Here, George, is a match for you. Without being immensely wealthy, you can offer the young lady a nice establishment, if she is reasonable.

George (*souriant*).

Vous savez, mon oncle, que j'ai ma spécialité, en fait de mariage. Malgré toutes ses perfections, je ne crois pas que Miss Howard possède une seule des qualités requises, pour devenir ma femme.

George (*smiling*).

You know, uncle, that I am peculiar in my views of matrimony. Notwithstanding all her perfections, I don't think Miss Howard possesses one of the qualities requisite to become my wife.

Charles.

Tu es bien difficile, mon cher.

Charles.

You are very fastidious, my dear fellow.

Le Général.

Onze heures ! Mes amis, c'est bien mal à vous de faire veiller si tard de pauvres provinciaux, qui se retirent toujours à dix heures.

Mme. Darville.

Pendant votre séjour dans la capitale, il faudra un peu changer vos habitudes. Lorsque nous retournerons à Vogerolles, nous reprendrons nos heures rustiques, avec un plaisir extrême.

Le Général.

Bah ! bah ! vous êtes tous changés ; ou plutôt les jeunes gens ; car vous, chère dame, vous êtes toujours la même. Mais ce Charles n'est plus républicain ; Marie se laisse faire la cour par un marquis. Oh ! Paris ! Paris !

Marie (*boudant*).

C'est bon, général ; je ne vous épouserai pas, si vous n'êtes pas plus gentil.

Le Général.

Eh bien ! tu nous aimeras

The General.

Eleven o'clock ! It is unfeeling in you, my dear friends, to make us poor provincials, who always retire at ten o'clock, keep such late hours.

Mrs. Darville.

During your stay in the capital, you will have to alter your habits. When we return to Vogerolles, we will resume our rustic hours, with delight.

The General.

Nonsense ! You are all altered ; that is, the young folks ; for you, dear lady, are still the same. But Charles is no longer a republican ; and Marie allows herself to be courted by a marquis. Oh ! Paris ! what a tempter thou art !

Marie (*pouting*).

Now, general ; I won't marry you, if you are not more amiable.

The General.

Well ! come, will you prom-

toujours ? et tu ne seras pas marquise ?

ise to love us as you used to ? and not to become a marchioness ?

MARIE (*hésitant*).

Oui !

MARIE (*hesitating*).

Yes !

CHARLES.

Ne vous y fiez pas, général.

CHARLES.

Don't trust her, general.

LE GENERAL (*tristement*).

Bonsoir, mes amis ; bonsoir.

THE GENERAL (*sadly*).

Good evening, friends ; good night.

MME. DARVILLE.

A demain soir, messieurs, nous irons ensemble, voir Rachel dans Phèdre ; n'est-ce pas ?

MRS. DARVILLE.

Gentlemen, we go together to hear Rachel in Phèdre to-morrow ; do we not ?

GEORGE.

Sans doute, madame, avec le plus grand plaisir. Je vous salue, Mademoiselle Marie.

GEORGE.

Of course, with the greatest pleasure. Good evening, Miss Marie.

CHARLES.

George, je t'accompagne chez toi ; nous fumerons ensemble. (*Ils sortent.*)

CHARLES.

George, I will walk home with you ; we will smoke together. (*They retire.*)

MME. DARVILLE (*à* MARIE).

Bonsoir, mon enfant. Tu ne vas pas te coucher ?

MRS. DARVILLE (*to* MARIE).

Good night, dear. Are you not going to bed ?

MARIE.

Dans un instant, maman; je vais lire mon chapitre de l'Evangile. (MME. DARVILLE *embrasse sa fille et se retire.*)

MARIE (*prend son livre, lit un instant, puis fond en larmes*).

Mon Dieu! pourquoi suis-je jamais venue ici? Ayez pitié de moi, Seigneur, et dirigez-moi dans la voie du bonheur —et du salut! (*Elle reprend son livre, et après sa lecture elle se retire.*)

MARIE.

Very soon, mamma; I must read my chapter in the Gospel. (MRS. DARVILLE *kisses her daughter and leaves the parlor.*)

MARIE (*takes her book, she reads a few minutes, and then bursts into tears*).

Oh Lord! why did I come here? Have mercy on me, and lead me in the path of happiness—and salvation! (*She takes up her book and retires, after having read a short time.*)

CHAPITRE XVI.

La Mansarde.

———

MARGUERITE.—MME. RABOT.

———

MARGUERITE.

Merci, ma bonne Madame Rabot; tout est arrangé maintenant. Je suis désolée de vous donner tant de peine.

CHAPTER XVI.

The Garret.

———

MARGARET.—MRS. RABOT.

———

MARGARET.

Thank you, my kind friend; every thing is in order now. It distresses me to give you all this trouble,

MME. RABOT.

N'en parlez pas, ma chère; vous avez eu assez souvent des bontés pour moi. Il faudrait avoir un cœur de pierre, pour ne pas vous aider à porter la lourde charge de tracas que le Ciel vous envoie.

MRS. RABOT.

Don't mention it; you have often assisted me; and really one must be stone-hearted, not to be willing to help you bear the heavy weight of care which Providence sends you.

MARGUERITE.

Hélas! oui; et ce dernier accident qui me retient dans ce fauteuil, lorsqu'il me faudrait courir pour chercher de l'ouvrage! Mais tout cela ne serait rien, si mon fils se portait bien.

MARGARET.

Alas! yes; and this last accident which keeps me in this chair, when I ought to be about in search of work! But that would not be any thing if my son was well.

MME. RABOT.

Ce pauvre jeune homme! ça me brise le cœur, de le voir si malheureux. Heureusement, que Mlle. Suzette vous a promis une visite de sa dame aujourd'hui; peut-être, que si Albert pouvait trouver à s'occuper, il se porterait mieux.

MRS. RABOT.

Poor young man! It breaks my heart to see him so unhappy. Fortunately, Miss Suzette promised that her lady would come to see you to-day; perhaps Albert would be better, if he could find something to do.

MARGUERITE.

Je ne sais pas trop si le pauvre enfant pourrait suivre un travail assidu. Il est si épuisé, si maigre. Mon Dieu! si je pouvais tout souffrir à moi toute seule!

MARGARET.

I scarcely think the poor boy could work steadily at any thing; he is so exhausted, so emaciated. O Lord! could I but bear all alone!

Mme. Rabot.

Allons, Mme. Marguerite; vous n'êtes pas raisonnable; moi, j'ai bien de l'espoir dans la visite de cette bonne dame. Tenez, la voilà justement; on sonne, je vais vous laisser avec elle. Le docteur doit aussi venir aujourd'hui.

Mrs. Rabot.

Come, Mrs. Margaret, you are unreasonable; I have great hopes of the result of that good lady's visit. I hear the bell; it is she very likely. I will leave you together The doctor, also, is coming to-day.

Les mêmes.—Mme. Darville.—Marie.

The same.—Mrs. Darville.—Marie.

Mme. Darville (à Mme. Rabot).

Est-ce ici que demeure Mme. Marguerite, ouvrière en linge?

Mrs. Darville (to Mrs. Rabot).

Does Mrs. Margaret, a seamstress, live here.

Mme. Rabot.

Oui, madame; la voici.

Mrs. Rabot.

Yes, ma'am; here she is.

Marguerite.

Je voudrais pouvoir me lever, madame, pour vous remercier de toutes vos bontés; mais M. Taurin m'a défendu le moindre mouvement; et j'ai été obligée de prier ma bonne voisine de m'aider à faire mon ménage.

Margaret.

I would like to be able to rise, to thank you for all your kindness, ma'am; but Mr. Taurin forbid my making the slightest motion; and I have been obliged to call on my good neighbor to help me to do my house-work.

Mme. Darville.

J'avais dit à Suzette, de vous procurer une garde.

Mrs. Darville.

I had told Suzette to get a nurse for you.

MARGUERITE.

Oh ! cela n'est pas nécessaire. Encore quelques jours et je serai sur pied. Asseyez-vous donc, mesdames.

MARGARET.

Oh ! it is not worth while. In a few days I shall be about. Do take a seat, ladies.

MME. DARVILLE (*s'asseyant*).

Vous ressentez-vous encore beaucoup de votre chute ?

MRS. DARVILLE (*taking a seat*).

Do you still suffer from the effects of your fall ?

MARGUERITE.

Un peu, madame ; mais je suis habituée à la souffrance, et d'ailleurs, votre bonne demoiselle m'a procuré des secours si prompts, que je m'en suis encore tirée à très bon marché.

MARGARET.

A little, ma'am ; but I am accustomed to suffer, and besides, your daughter came to my assistance so immediately, that I got off cheap.

MARIE.

Je vous croyais morte, lorsque je me suis approchée de vous.

MARIE.

I thought you were dead, when I went up to you.

MARGUERITE.

Hélas ! mademoiselle, si mon pauvre enfant n'avait plus besoin de moi, la mort serait la bienvenue, je vous assure.

MARGARET.

Alas ! miss, if my poor boy did not require me, death would be welcome indeed.

MME. DARVILLE.

Que fait votre fils ? Quel âge a-t-il ?

MRS. DARVILLE.

What trade does your son follow ? How old is he ?

Marguerite.

Il a vingt ans. Il est artiste, malheureusement pour lui et pour moi.

Mme. Darville.

Mais, vous n'avez pas toujours été dans cette triste position ?

Marguerite.

Oh ! non, madame. Je me suis mariée très jeune ; mon mari était peintre. Nos premières années en ménage furent heureuses. Nous nous aimions ; une modeste aisance, que nous procurait le talent de mon mari, mettait le comble à mon bonheur. Un enfant, mon Albert, nous fut accordé, et je crus alors, que rien au monde ne pourrait troubler le doux bien-être dont nous jouissions. Il en fut bien autrement ; au bout de cinq ans, mon mari mourut subitement et avec lui j'ensevelis toutes mes joies. Je vins à Paris dans l'espoir de trouver une place qui me procurerait les moyens de faire vivre mon enfant. Je combattis la misère pendant trois ans. Enfin, par l'entremise d'un ami

Margaret.

He is twenty, and an artist, unfortunately for himself and for me.

Mrs. Darville.

But you have not always been in such melancholy circumstances ?

Margaret.

Oh ! no, ma'am. I married very young ; my husband was a painter. The first years of our married life were happy ones. We loved each other; and the moderate means which my husband's talent afforded us, were sufficient for our welfare. A child, my Albert, was granted to us, and then I thought that nothing in the world could disturb our happiness. It was otherwise ordained; my husband died suddenly, after we had been married five years, and with him I buried all my joy. I came to Paris, hoping to find employment which would afford me the means of supporting my child. I struggled three years with poverty. At last, through the protection of a friend of my

de mon mari, j'entrai comme femme de charge dans une des bonnes maisons de Paris. Mais là aussi, j'eus à souffrir le caprice, le dédain, l'injustice. Je n'avais jamais été en service, mon Dieu! mais l'amour d'une mère a une force surnaturelle. L'espoir de voir mon fils heureux, entrant dans une honorable carrière, me soutenait. Pendant dix ans j'endurai tout. Albert avait été à l'école; il avait des dispositions rares; mais sa santé était délicate. Il était dévoré du désir d'avancer, et les progrès qu'il fit, surtout dans le dessin, furent étonnants. J'aurais préféré tout autre état à celui d'artiste; mais le pauvre enfant avait hérité du talent de son père; il ne rêvait que tableaux — peinture. Je perdis ma place, par un caprice de ma maîtresse; qui, malgré mes services, n'a jamais voulu me donner le moindre secours. Que Dieu le lui pardonne comme je le fais moi-même!

husband, I found a situation as housekeeper, in one of the good families of Paris. But there, too, I had to contend with caprice, disdain, and injustice. I had never been to service, alas! but maternal affection is supernaturally strong. The hope of seeing my son happy, entering an honorable career, kept up my spirits. During ten years I bore all with patience. Albert had been to school; he was remarkably intelligent, but his health was delicate. He was full of ambition, and his improvement, particularly in drawing, was wonderful. I should have preferred his being any thing but an artist. The poor child had inherited his father's talent, and he dreamt of nothing but painting. I lost my situation through the caprice of my mistress; who, notwithstanding my long services, never would give me the slightest assistance. May the Lord forgive her as I do!

MME. DARVILLE.

Il est rare qu'on soit aussi injuste, aussi dur. (*On frappe à la porte.*)

MRS. DARVILLE.

One seldom meets with so much injustice and harshness. (*A knock is heard at the door.*)

MARIE.

Je vais ouvrir, maman. Oh ! docteur. George, vous ici ?

LE DOCTEUR TAURIN.

Ma visite est officielle, belle demoiselle. Quant à ce jeune homme, je l'ai rencontré sur l'escalier.

GEORGE.

J'ai reçu, ce matin, un billet de Madame Dorimont, dans lequel elle me dit, qu'ayant appris qu'une pauvre femme blessée, avait été reconduite hier dans sa voiture, elle me prie en grâce de m'informer d'elle. Elle est si bonne ! si excellente ! Je me suis rendu à son désir ; ne m'attendant guère à vous rencontrer, mesdames.

LE DOCTEUR TAURIN.

Eh bien ! Madame Florère, comment va la santé aujourd'hui ?

MARGUERITE.

Mais mieux, monsieur, grâce à vos bons soins.

LE DOCTEUR TAURIN.

Nous vous avons interrompu

MARIE.

I will open the door, mamma. Ah ! doctor. George, you here ?

DOCTOR TAURIN.

Mine is an official visit, fair lady. As for this young man, I met him as I was coming up.

GEORGE.

I received a note from Mrs. Dorimont this morning, in which she says, that having heard that a poor wounded woman had been taken home in her carriage yesterday, she begs of me to call and inquire about her. She is so kind ! so good ! I little expected to meet you here, ladies.

DOCTOR TAURIN.

Well, Mrs. Florère, how do you feel to-day ?

MARGARET.

Better, sir, thanks to your kind care.

DOCTOR TAURIN.

Our coming in, interrupted

en entrant; vous parliez sans doute à ces dames de votre fils.

your conversation. I suppose you were telling these ladies about your son.

MARGUERITE.

Oui, monsieur. Mais je n'avais pas encore raconté à madame le plus affreux de mon histoire. Il y a six mois, mon pauvre enfant vint me dire tout joyeux :—" Mère, j'ai eu une vision. Je veux peindre un tableau pour le Salon!—tu verras, ce sera superbe, et au moins, nous ne mourrons pas de misère cet hiver." Le pauvre enfant se mit à l'ouvrage, avec une ardeur effrayante; il maigrissait à vue d'œil, ses yeux devenaient hagards, tellement, que j'en fus effrayée. Enfin, un jour, il y a un mois, il me dit :—"Viens, mère, viens; mon tableau est achevé." Je le suivis, je montai à son modeste atelier; et vraiment, je fus frappée d'admiration, en contemplant cette œuvre divine. Je m'écriai :— "Mon Dieu! que c'est beau! Non, Albert, non; ce n'est pas toi qui a peint cela." "Pas moi?" s'écria-t-il, " pas moi?" Puis, se calmant tout d'un coup,

MARGARET.

Yes, sir. But they have not yet heard the saddest part of my story. About six months ago, my poor boy came to me with a joyful face :—" Mother," said he, " I have had a vision. I am going to paint a picture for the Exhibition ; it will be beautiful, you will see. At all events, we will not starve this winter." The poor child set to work with terrific ardor, he grew thinner and thinner ! and the expression of his eyes became so wild, that I was alarmed. At last, one day, about a month ago, he said to me :—" Come, mother, come ; my picture is finished." I followed him to his modest studio. And, really, I was struck with admiration, when I saw the sublime work. I exclaimed :— "Oh ! how beautiful it is ! No, Albert, no ; you did not paint that." " I did not paint it ?— I did not ?" he exclaimed. Then, becoming suddenly calm, he added :—"No—

il ajouta :—" Non, ce n'est pas moi—c'est l'ange !—l'ange lui-même !" Et saisissant son pinceau, il traça le mot Raphaël sur le bord du tableau.

it was not I—the angel did it—yes, the angel!" And hastily taking a pencil, he wrote the word Raphael on the picture.

MARIE (*faisant un cri*).

C'est l'Ange Gardien !

MARIE (*starting*).

It is the Guardian Angel !

MME. DARVILLE *et* GEORGE.

L'Ange Gardien !

MRS. DARVILLE *and* GEORGE.

The Guardian Angel !

MARGUERITE.

Hélas ! oui ; et mon pauvre enfant est fou !

MARGARET.

Alas ! it is ; and my poor boy is deranged !

MME. DARVILLE.

Fou ! Mon Dieu !

MRS. DARVILLE.

Deranged ! O Lord !

LE DOCTEUR TAURIN.

Calmez-vous, pauvre femme ! J'ai vu votre fils hier ; je ne le crois pas si malade. Quelques mois de repos et de bien-être, lui rendraient la santé et la raison.

DOCTOR TAURIN.

Take courage, my good woman ! I saw your son yesterday ; and do not think him so ill. A few months of rest and comfort would restore him, physically and morally.

MARGUERITE.

Que Dieu vous entende ! Mais ce calme, ce repos, comment les lui procurer ? S'il avait consenti à mettre son nom sur son tableau, il aurait pu le

MARGARET.

God grant, it may be so ! But, how is he to enjoy that rest, those comforts ? If he had consented to put his name to his painting, he might have

vendre; car il est beau; n'est-ce pas, madame?

sold it; for it is beautiful; is it not, ma'am?

MME. DARVILLE.

Admirable. (*On frappe.*)

MRS. DARVILLE.

It is indeed. (*A knock is heard at the door.*)

MARGUERITE.

C'est lui sans doute. Soyez sans crainte, mesdames; il est tout-à-fait inoffensif. (LE DOCTEUR TAURIN *ouvre la porte.* ALBERT FLORÈRE *entre, et sans regarder ceux qui l'entourent, il s'asseoit près de la table, et cache la figure dans ses mains.*)

MARGARET.

There he is, I suppose. Do not be frightened, ladies; he is perfectly harmless. (DOCTOR TAURIN *opens the door.* ALBERT FLORÈRE *walks in, and without noticing those around him, sits down near the table, and buries his face in his hands.*)

MARGUERITE.

Albert, mon fils. Tu ne vois pas ces bonnes dames, ce bon Monsieur Taurin, qui sont venus nous porter des secours?

MARGARET.

Albert, my son. Don't you see these kind ladies, this good doctor, who have come to bring us relief in our trouble?

ALBERT (*relève doucement la tête*).

Ah! oui; pardon. (*Il aperçoit* MARIE *et fait un cri.*) Ciel! C'est lui!—là, là!

ALBERT (*looks up gradually*).

Ah! yes; excuse me. (*He sees* MARIE, *and starts.*) Heavens! It is he—there, there!

MARIE (*saisissant le bras de* GEORGE).

George—j'ai peur!

MARIE (*grasping* GEORGE'S *arm*).

George—I am afraid!

Albert (*il parle très doucement, se passant de temps en
temps la main sur le front,
comme pour rappeler ses souvenirs*).

Oh ! je m'en souviens bien,
je ne l'oublierai jamais. C'é-
tait par une sombre et triste
nuit. Je venais d'achever une
lourde journée de travail. Ha-
rassé, épuisé, je me jetai tout
habillé sur mon lit. Un calme
profond succéda à la fièvre qui
me dévorait—je m'endormis.
Tout-à-coup, un flot de lumière
inonda mon pauvre réduit, qui
en un instant, parut transformé
en un lieu de délices. Et là—
là—debout près de moi, je
vis un ange aux blancs vêtements, aux ailes déployées.
Ses doux yeux bleus, ses noirs
cheveux, encadrant ce front si
pur ; le sourire d'amour, qui
errait sur ses lèvres roses ;
tout en lui, me ravit en extase.
Je me crus au ciel. "Ami,"
dit le divin messager ; "je suis
l'envoyé de Dieu ; je t'apporte
de sa part des paroles de consolation. Il a vu tes souffrances, tes combats. L'heure de
la délivrance a sonné ; le che-

Albert (*he speaks very slow-
ly, now and then passing his
hand over his brow, as though
to collect his thoughts*).

Oh ! I remember it well, I
never shall forget it. It was
during a dark and gloomy
night. I had just spent a day
of toil. Worn out, exhausted,
I threw myself on my bed. To
the burning excitement which
consumed me, succeeded a
soothing quietude — I slept.
Suddenly, a flood of light
filled my wretched home,
which was transformed into a
brilliant abode. And there—
there—near me, stood an angel with white garments and
outspread wings. His soft blue
eyes, his dark hair, encir-
cling his fair brow ; the sweet
smile of love, which hovered
around his lips ; all, all about
him filled me with delight.
I fancied myself in heaven.
"Friend," said the divine messenger ; "I come from above,
the bearer of words of comfort
to thee. God has witnessed
thy sufferings, thy struggle.
Deliverance is at hand ; the

min de la gloire est ouvert devant toi; je guiderai tes pas; mes conseils te suivront partout. Espère, enfant du malheur, espère." Et l'espoir, en effet, entrait en mon âme. L'ange passa sa douce main sur mon front; puis, il me dit: "Adieu, je reviendrai." La vision s'évanouit; le divin consolateur avait disparu; mais ses paroles de bonheur vibraient encore à mon oreille. Je crus en lui. Le lendemain, je me mis à l'ouvrage, attendant toujours la visite de l'ange. Je retraçais ses traits, tels que je les avais vus pendant cette nuit suprême. Mais hélas! il ne vint plus; et le désespoir, la misère, s'emparèrent de tout mon être. C'était un feu dévorant qui me consumait. Quand mon œuvre fut achevée, je crus que la mort viendrait bientôt, me délivrer de mes souffrances; mais que deviendrait ma mère?—Non, ce n'est pas moi qui ai peint ce tableau, c'est l'ange; et si j'y mettais mon nom, ce serait dérober au ciel sa gloire! (ALBERT *paraît accablé*.)

path of glory is opened to thee; I will guide thy steps; my counsel will ever be with thee. Hope, child of misfortune, hope." And hope seemed to enter my heart. The angel gently touched my burning brow, and said: "Farewell, I will come again." The dream had vanished; the divine messenger of joy had gone; but his words of love still echoed in my heart. I trusted in him; and immediately set to work, daily expecting the visit of the angel. I traced his features, as I remembered seeing him on that solemn night. But, alas! he came no more. Despair and misery again rushed upon me; it was a raging fire, which destroyed my being. When the painting was finished, I thought death would release me from my agony; but what would become of my mother! my poor mother!—No, it was not my work, it was the angel's; and were I to put my name to it, I would rob heaven of its glory! (ALBERT *appears exhausted*.)

Mme. Darville (*les larmes aux yeux*).

Ma bonne Marguerite, l'ange avait raison. L'heure de la délivrance a enfin sonné pour vous ; et je crois être l'envoyé de la Providence dans cette circonstance. Docteur, croyez-vous que dans quelque temps, votre malade soit en état de faire un petit voyage ?

Le Docteur Taurin.

Certainement, madame ; avant huit jours, et cela lui ferait un bien extrême.

Mme. Darville.

Eh bien ! Marguerite et son fils iront passer trois mois, six mois s'ils le veulent, à Vogerolles. Je me charge entièrement d'eux. Et pendant l'absence de ce jeune homme, nous disposerons de son tableau qui doit avoir une grande valeur.

Marguerite.

Oh ! madame, comment vous remercier ; ma vie entière vous sera dévouée. Albert—mon fils—entends-tu ? le calme, le

Mrs. Darville (*with emotion*).

The angel was right, Margaret, your troubles are over. God has, I think, selected me as his agent in this holy mission. Doctor, do you think your patient would be well enough to bear a little trip in a few days ?

Doctor Taurin.

Certainly, ma'am ; before a week is over, and it will be of the greatest benefit to her.

Mrs. Darville.

Well ! Margaret and her son must go to Vogerolles for three, or six months if it suits them. I will provide for them. In their absence, we will sell this young man's painting ; it must be very valuable.

Margaret.

Oh ! ma'am, how can I ever thank you ; my whole life shall be devoted to you. Albert— my son—do you hear ? rest

bonheur, nous sont offerts. (*Le jeune homme semble ne rien entendre.* Mme. Darville *parle bas à* Marie, *qui s'avance timidement vers* Albert.)

and happiness are offered to us. (*The young man does not seem to hear any thing.* Mrs. Darville *whispers to* Marie, *who goes up to* Albert *with hesitation.*)

MARIE.

Ami—c'est moi—le messager du divin consolateur. Refuserez-vous les secours qu'il vous offre par ma voix ?

MARIE.

Friend—it is I—the messenger of our Divine Comforter. Will you not accept the relief of which I am the bearer ?

Albert (*il la regarde ; puis se jette à genoux en joignant les mains*).

Oui ! oui ! je crois. Oh ! merci, merci !

Albert (*looks up, and falling on his knees, with clasped hands, he exclaims*).

Yes ! yes ! I do believe in you. Oh ! thank you !

Mme. DARVILLE.

Mes amis, nous allons vous quitter. Soignez-vous bien, Marguerite ; dans quelques jours, je reviendrai vous donner mes instructions, relativement à votre voyage. (*Elle lui remet une bourse.*) En attendant, voilà de quoi subvenir à tous vos besoins. Adieu, Monsieur Albert, au revoir.

Mrs. DARVILLE.

We will leave you now. Margaret, take great care of yourself. I will return in a few days, to make the arrangements about your leaving. (*She gives her a purse.*) Meanwhile, this will provide you with all you may require. Farewell, Mr. Albert ; we will see you soon again.

Albert (*tristement à* Marie).

Vous reviendrez bien sûr ? vous ne me tromperez plus ?

Albert (*sadly to* Marie).

Will you be sure to return ? you will not deceive me ?

MARIE.

Bien sûr; dans quelques jours. Adieu. (MME. DARVILLE *et sa fille sortent, avec le* DOCTEUR TAURIN *et* GEORGE.)

MARIE.

Oh! no; I will be back in a few days. Farewell. (MME. DARVILLE *and her daughter leave the room, with* DOCTOR TAURIN *and* GEORGE.)

CHAPITRE XVII.

La Fête du Général Dorimont.

Un Appartement au Second, Rue Caumartin.

CHAPTER XVII.

General Dorimont's Saints-day.

An Apartment on the Second Floor, Rue Caumartin.

M. *et* MME. DORIMONT.—M. *et* MME. BEAUFORT.—CORALIE.—BERTHE.—EDMOND.—MME. DARVILLE.—MARIE.—CHARLES.—LE GÉNÉRAL BERTRAND.—GEORGE.—*Plusieurs jeunes gens et jeunes filles, amis des jeunes Beaufort.*

MR. *and* MRS. DORIMONT.—MR. *and* MRS. BEAUFORT.—CORALIE.—BERTHA.—EDMUND.—MRS. DARVILLE.—MARIE. — CHARLES.— GENERAL BERTRAND. — GEORGE. — *Several young girls and young men, friends of the young Beauforts.*

(*Un grand salon meublé avec comfort, mais sans luxe. Au milieu, une table couverte de bouquets et de pots de fleurs. Les jeunes gens jouent à colin-maillard.*)

(*A large parlor, furnished with comfort, but no elegance. In the middle, stands a table, covered with bouquets and pots of flowers. The young people are playing blind-man's buff.*)

CORALIE (*à* MME. DORIMONT).

N'est-ce pas, bonne maman,

CORALIE (*to* MRS. DORIMONT).

Is it not true, grandma', that

que tu nous permets de tout renverser ce soir, pour célébrer la fête de grandpapa ?

you will allow us to toss up every thing to-night, to celebrate grandpa's feast-day ?

M. DORIMONT.

Oui, oui, mon enfant, dérangez, renversez tout, pourvu que vous vous amusiez ; c'est un vrai bonheur pour moi de vous voir contents. (*Au* GÉNÉRAL *et à* GEORGE *qui entrent.*) Bonsoir, mes amis. Général, je crains de vous avoir rendu un mauvais service, en vous engageant à passer la soirée avec cette bande joyeuse ; mais j'ai la faiblesse de vouloir m'entourer de ceux que j'affectionne, le jour de ma fête. Vous connaissez ma fille ? M. Beaufort mon gendre ? mes trois petits-enfants, Coralie, Berthe, Edmond ?

MR. DORIMONT.

Yes, yes, darling ; upset every thing, provided you enjoy yourselves ; my greatest pleasure is to see you happy. (*To* GENERAL BERTRAND *and* GEORGE, *who enter.*) Good evening, gentlemen. I am afraid I paid you a poor compliment, in inviting you to spend the evening with this merry tribe ; but my weakness is to have those I love around me on my feast-day. You know my daughter ? Mr. Beaufort, my son-in-law ? these are my grand-children, Coralie, Bertha, Edmund.

BERTHE (*les yeux bandés, saisissant le bras de* GEORGE).

Ah ! je tiens quelqu'un ; voyons, c'est, c'est. (*On rit.*) On triche. (*Elle arrache le mouchoir qui lui couvre les yeux.*) Ah ! monsieur, je vous demande pardon ; je ne vous avais pas entendu entrer.

BERTHA (*her eyes are covered with a handkerchief, she catches* GEORGE *by the arm*).

Oh ! I have caught some one ; wait, it is, it is ! (*All laugh.*) You are cheating. (*She pulls off the handkerchief.*) Oh ! excuse me, sir, I had not heard you come in.

GEORGE.

Comment, mademoiselle ; je suis trop heureux de renouveler connaissance avec vous d'une manière si amicale.

GEORGE.

I am most happy to renew my acquaintance with you, in so friendly a manner.

LE GÉNÉRAL BERTRAND (à Mme. DORIMONT).

C'est un vrai bonheur pour moi, madame, de me trouver avec vous tout-à-fait en famille. Vous avez été si bonne pour mon neveu, pendant qu'il faisait ses études ici. Il m'a bien souvent parlé de vous, de madame votre fille et de vos petits-enfants.

GENERAL BERTRAND (to MRS. DORIMONT).

It gives me great pleasure, dear madam, to spend a sociable evening with you and your family. You were so kind to my nephew, while he was here studying law. He has often mentioned you and your daughter and grand-children to me.

MME. BEAUFORT.

Oh! nous aimions beaucoup Monsieur George ; il était l'ami de la maison. Il a souvent fait de bonnes parties avec mes enfants.

MRS. BEAUFORT.

Oh ! we were all very fond of Mr. George ; he was a general favorite. He and the children had many a merry hour together.

GEORGE.

J'en ai conservé un bien doux souvenir, madame. (A M. BEAUFORT.) Vous rappelez-vous notre soirée de Noël il y a cinq ans ?

GEORGE.

I remember them with great pleasure, I assure you. (To MR. BEAUFORT.) Do you recollect our Christmas night five years ago ?

M. BEAUFORT (riant).

Je crois bien ; j'étais pres-

MR. BEAUFORT (laughing).

Of course I do ; I was alqu'aussi fou que vous tous. C'était le bon temps, George. Aujourd'hui, ces demoiselles ont des idées de bals, de toilette ; ce qui est beaucoup moins amusant et plus dispendieux.

most as full of fun as you all were. Those were the good old days, George. Now, these girls talk of balls and fine dressing, which is much less amusing, and more expensive.

Le Général Bertrand.

Je croyais rencontrer Mme. Darville ici ce soir ; elle se faisait une fête de passer quelques heures avec vous.

General Bertrand.

I thought I should have met Mrs. Darville here this evening ; she anticipated great pleasure in spending a few hours with you.

Mme. Dorimont.

Oui, j'attends ces dames ; mais vous savez qu'elles sont habituées aux heures des bals et grandes soirées. Cependant, il est presque neuf heures. Chut ! chut ! mes enfants, on s'entend à peine. (*A* Mme. Darville.) Ah ! vous voilà enfin, ma chère Madame Darville ; je craignais que vous ne fussiez malade. Bonsoir, mademoiselle. Monsieur Charles, comment vous portez-vous ?

Mrs. Dorimont.

Yes, I expect those ladies ; but you know they are accustomed to late hours. However, it is almost nine o'clock. Children ! children ! one can scarcely be heard here. (*To* Mrs. Darville.) Ah ! Mrs. Darville, here you are at last. I was afraid you might be ill. Good evening, Miss Marie. Mr. Charles, how are you ?

Mme. Darville.

Demandez à ces deux grands enfants, s'il n'y a pas une heure que je les attends. Marie prétendait que vous étiez à peine sortis de table. (*A* Mme. Beaufort.) Bonsoir, madame ; veuil-

Mrs. Darville.

Ask these great children of mine if I have not been waiting a whole hour for them. Marie thought you were scarcely through with dinner. (*To* Mrs. Beaufort.) Good evening ;

lez me présenter vos enfants, dont Monsieur Dalbret nous a tant parlé.

do introduce your children to me. Mr. Dalbret has told us so much about them.

MME. BEAUFORT.

Avec plaisir, madame. Coralie, Berthe, Edmond, venez que je vous présente à Mme. Darville.

MRS. BEAUFORT.

With pleasure. Coralie, Bertha, Edmund, let me introduce you to Mrs. Darville.

CORALIE (*timidement*).

Bonsoir, madame.

CORALIE (*with timidity*).

Good evening, ma'am.

BERTHE.

Mademoiselle Darville se croit-elle trop vieille pour prendre part à nos jeux ?

BERTHA.

Does Miss Darville think herself too old to play with us ?

MARIE.

Au contraire ; cela me fera grand plaisir.

MARIE.

Certainly not ; I shall be delighted to do so.

EDMOND (*saluant*).

Je réclame le secours de Monsieur Darville contre les incursions de ces demoiselles.

EDMUND (*bowing*).

I claim the assistance of Mr. Darville against the attacks of these young ladies.

CHARLES.

Volontiers, mon ami ; mais il y a bien longtemps que je n'ai joué aux jeux innocents.

CHARLES.

Very willingly ; but I have not had any sport of this kind for a long time.

MARIE (à M. DORIMONT, *lui offrant un bouquet de roses*).

Avant de commencer à jouer,

MARIE (*offering a bunch of roses* to MR. DORIMONT).

General, before we begin to

permettez-moi, général, de vous offrir ces fleurs, et mes vœux les plus sincères pour votre bonheur.

play, allow me to offer you these flowers, with my sincere wishes for your welfare.

M. Dorimont (*l'embrassant*).

Merci, mon enfant, merci. J'espère bien pouvoir avant long-temps, vous offrir aussi mes souhaits, dans une grande occasion.

Mr. Dorimont (*kissing her*).

Many thanks, my dear child. I hope before long to offer you my good wishes, on a certain grand occasion.

Marie.

Oh ! pas de longtemps.

Marie.

Oh ! not for a long time.

Mme. Beaufort.

Il me semble, mesdemoi-selles, que vous pourriez choisir un jeu moins bruyant ; cela plairait davantage aux gens raisonnables.

Mrs. Beaufort.

Young ladies, I think you might select a less noisy game. It would be more agreeable to the reasonable ones of the party.

Berthe.

Oh ! maman, tu crois tou-jours qu'on peut s'amuser sans faire du bruit.

Bertha.

Oh ! mamma, you always think we can have fun without noise.

Coralie.

Jouons à la toilette de Madame ; on donnera des gages. (*Ils commencent à jouer.*)

Coralie.

Let us play my lady's toilet; and give forfeits. (*They begin to play.*)

Edmond.

Ah ! Monsieur George, un gage. Là, là, vous trichez vous autres.

Edmund.

Oh ! Mr. George, a forfeit. You are cheating over there.

UNE JEUNE FILLE.

Edmond, vous avez les yeux partout.

ONE OF THE YOUNG GIRLS.

Edmund, your eyes are everywhere.

EDMOND.

C'est que je suis loyal, mademoiselle.

EDMUND.

I am very honest, Miss.

MME. BEAUFORT.

C'est moi qui me chargerai des gages.

MRS. BEAUFORT.

I will take charge of the forfeits.

M. DORIMONT.

Général, voulez-vous que nous fassions une partie de piquet, dans ce petit coin ?

MR. DORIMONT.

General, shall we play a game of piquet together, in this little corner ?

LE GÉNÉRAL BERTRAND.
Volontiers.

GENERAL BERTRAND.
Certainly.

MME. DARVILLE (à MME. DORI-
MONT).

Quelle jouissance pour vous madame, de vous voir entourée de vos enfants.

MRS. DARVILLE (*to* MRS. DORI-
MONT).

What a comfort it is for you, to have all your children around you.

MME. DORIMONT.

C'est notre seul bonheur. Ma fille occupe l'appartement au-dessus de nous. Nous passons toutes nos soirées ensemble ; ici, ou chez ma sœur. Ces deux jeunes filles en rose, sont mes nièces ; je les réu-

MRS. DORIMONT.

It constitutes all our happiness. My daughter occupies the apartment above us. We spend all our evenings together ; either here, or at my sister's. Those two young girls dressed in pink, are my nieces. I have

nis tous autour de moi, autant que possible. La vie, sans ces liens de famille, me paraîtrait bien triste.

them all around me, as often as possible. Without these kindred ties, life would be very dreary to me.

MARIE (*riant aux éclats*).

Charles, Charles, ce n'est pas juste.

MARIE (*laughing heartily*).

Charles, Charles, that is not fair.

CHARLES.

Par exemple, je m'en rapporte à Edmond.

CHARLES.

Indeed. I appeal to Edmund.

EDMOND.

Monsieur Darville doit avoir raison, c'est mon associé.

EDMUND.

Mr. Darville must be right, he and I are partners.

MME. DARVILLE.

Il y a longtemps que je n'ai vu Marie si heureuse, si gaie.

MRS. DARVILLE.

I have not seen Marie so happy, so gay, for a long time.

MME. BEAUFORT.

Je vous assure, madame, que je retarderai autant que possible, le moment de mener mes filles dans le monde ; elles sont tellement plus heureuses, dans nos petites réunions intimes.

MRS. BEAUFORT.

I assure you, I will put off taking my daughters into company, as long as possible. They are so much happier, in our little family meetings.

MME. DORIMONT.

De mon temps, on était bien plus sage qu'aujourd'hui. On avait moins de luxe, plus de vraie gaieté. Maintenant, c'est

MRS. DORIMONT.

In my time, people were wiser than they are now. We had less luxury, but more real enjoyment. Now, we see noth-

à qui sera le mieux mis, à qui aura les plus beaux diamants. Quant au plaisir réel, on laisse cette bourgeoise jouissance aux petites gens. C'est absurde !

ing but persons vying with each other, who shall have the finest dresses, the handsomest diamonds. As for pleasure, that common-place article is left to the lower classes. Too ridiculous!

Mme. Darville.

Je suis bien de votre avis; aussi je soupire après notre vie douce et calme de la campagne. Je serais bien heureuse que vous vinssiez nous y faire une visite. Quelle belle partie cette jeunesse y ferait !

Mrs. Darville.

You are perfectly right, and I long to get back to our quiet home in the country. I should be very happy to receive a visit from you. What fine sport these young people would have there !

Mme. Beaufort.

Ce serait une grande joie pour eux. Allons, mes enfants, j'ai beaucoup de gages dans cette corbeille. Il me semble qu'il serait temps de les distribuer.

Mrs. Beaufort.

They would be delighted. Come, my children, I have a great many forfeits in this basket. I think it is time to redeem them.

Berthe.

Oui, oui ; je suis la plus jeune, c'est moi qui ordonnerai. (*Elle se met à genoux et se cache la figure.*)

Bertha.

Yes ; I am the youngest, and will direct for the forfeits. (*She kneels and hides her face in her hands.*)

Mme. Beaufort (*montrant un des gages*).

Qu'ordonnez-vous au gage touché ?

Mrs. Beaufort (*holding up one of the forfeits*).

What is the owner of this to do in order to redeem it ?

BERTHE.

D'embrasser grand'maman.

BERTHA.

He must kiss grandma'.

MME. DORIMONT.

Voilà une terrible pénitence !

MRS. DORIMONT.

That is a terrible penance !

CHARLES.

Du tout, madame ; c'est à moi. (*Il embrasse la main de* MME. DORIMONT.)

CHARLES.

Not at all, dear madam ; it is mine. (*He kisses* MRS. DORIMONT'S *hand.*)

MME. BEAUFORT.

Allons, Berthe ; qu'ordonnez-vous au gage touché ?

MRS. BEAUFORT.

Come, Bertha ; what must be done to redeem this forfeit ?

BERTHE.

De faire trois révérences sans rire.

BERTHA.

That person must courtesy three times without laughing.

UNE JEUNE FILLE.

Ah ! c'est à moi. Jamais je ne pourrai le faire. (*Elle commence et part d'un grand éclat de rire.*)

ONE OF THE YOUNG GIRLS.

Oh ! it is mine. I never shall be able to do it. (*She begins and bursts out laughing.*)

EDMOND.

Ce n'est pas juste, Malcie ; je vais vous donner une autre pénitence.

EDMUND.

That is not fair, Malcie ; I will give you another penance.

LA JEUNE FILLE.

Merci, monsieur le prédicateur.

THE YOUNG GIRL.

Thank you, Mr. preacher.

Mme. Beaufort.

Qu'ordonnez-vous au gage touché ?

Mrs. Beaufort.

What shall the owner of this do to redeem it ?

Berthe.

De se mettre à genoux devant Mademoiselle Darville et de lui dire : "Marie, je vous aime ;" sans rire.

Bertha.

He will kneel before Miss Darville, and say : "Marie, I love you ;" without laughing.

Marie.

Oh ! je m'oppose à des pénitences de ce genre-là.

Marie.

Oh ! I won't agree to such penances as those.

Berthe (*à* M. Dorimont).

Grandpapa, quand on joue aux jeux innocents, ne doit-on pas se soumettre à toutes les pénitences ?

Bertha (*to* Mr. Dorimont).

Grandpa', when one plays at these games, must not one submit to all sorts of penances ?

M. Dorimont (*riant*).

Sans doute, mon enfant ; c'est une règle sans exceptions.

Mr. Dorimont (*laughing*).

Of course, darling ; it is a rule which admits of no exception.

Berthe.

Vous voyez, Marie. Allons, maman, montre-nous le gage.

Bertha.

There, Marie. Mother, let us see who the forfeit belongs to.

Mme. Beaufort.

A qui ce gant paille ?

Mrs. Beaufort.

Who claims this straw-colored glove ?

George (*hésitant*).

A moi, madame.

George (*hesitating*).

I do,

BERTHE.

Allons, monsieur George. Comment, vous hésitez ? Ce n'est pas, cependant, très difficile à faire.

BERTHA.

Come, Mr. George. What, you hesitate ? It is surely not a very hard task.

CHARLES (*riant*).

Ah ! monsieur l'avocat ; vous voilà pris. (*Tout le monde rit.*)

CHARLES (*laughing*).

Oh ! Mr. lawyer ; you are caught this time. (*They all laugh.*)

GEORGE (*s'agenouillant devant* MARIE, *qui rougit.*)

Pardon, mademoiselle. Marie—je—vous—aime.

GEORGE (*kneeling before* MARIE, *who blushes.*)

Excuse me, Miss Marie. I—love—you.

BERTHE.

Il a dit : " Mademoiselle Marie, je vous aime."

BERTHA.

He said : " Miss Marie, I love you."

MME. BEAUFORT.

Allons, Berthe, tu es trop exigeante. Voyons ; qu'ordonnes-tu au gage touché ?

MRS. BEAUFORT.

Come, Bertha, you are too particular. What must be done to redeem this forfeit ?

BERTHE.

De faire la muette pendant cinq minutes.

BERTHA.

To play the dumb-girl for five minutes.

MME. BEAUFORT.

A qui ce mouchoir ?

MRS. BEAUFORT.

Who owns this handkerchief ?

BERTHE.

Oh ! c'est à moi ; quel mal-

BERTHA.

Oh ! it is mine ; what a pity !

neur! Grandpapa, n'y a-t-il pas une seule exception à la règle de tout-à-l'heure ?

Grandpa', is there not one single exception to the rule you spoke of just now ?

M. DORIMONT.

Oui, quand il y a impossibilité complète.

MR. DORIMONT.

Yes, when the penance is utterly impossible.

BERTHE (*riant*).

Alors c'est mon cas. (*On continue à distribuer les gages.*)

BERTHA (*laughing*).

That is the case with me. (*They continue to distribute the forfeits.*)

MME. DORIMONT.

Allons, Coralie, il me semble qu'il faudrait finir la soirée par une petite contredanse.

MRS. DORIMONT.

Coralie, dear, I think you should finish off with a cotillion.

MME. BEAUFORT.

J'offre mes services. Malcie, voulez-vous jouer la basse de ces quadrilles ?

MRS. BEAUFORT.

I offer my services. Malcie, will you play the bass to these quadrilles ?

LA JEUNE FILLE.

Certainement, madame. (MME. BEAUFORT *se met au piano.*)

THE YOUNG GIRL.

Certainly, ma'am. (MRS. BEAUFORT *sits down to the piano.*)

CHARLES (*à* CORALIE).

Aurai-je l'honneur de danser cette contredanse avec vous, mademoiselle ?

CHARLES (*to* CORALIE).

Shall I have the honor of dancing this cotillion with you ?

MME. DORIMONT.

Savez-vous, Madame Dar-

MRS. DORIMONT.

Do you know, Mrs. Darville,

ville, que j'ai conservé une tendre admiration pour le quadrille ; c'est sans doute parce qu'il est un peu comme moi, relegué parmi les vieilleries.

that I have a tender regard for quadrilles ; probably, because, like myself, they are thrown aside as antiquities.

Mme. Darville.

Je n'admets pas votre raison ; mais je partage votre admiration. La Polka, la Redowa, toutes les danses fantasques de notre époque, sont presqu'entièrement dépourvues de grâce et d'élégance.

Mrs. Darville.

I cannot admit that reason ; but I share your admiration. The Polka, the Redowa, and all the fanciful dances of the day, are almost entirely devoid of grace and elegance.

Marie (*à* Edmond *qui danse avec elle*).

Vous êtes donc en vacances, monsieur ?

Marie (*to* Edmund, *her partner*).

Have you holiday now, sir ?

Edmond.

Oui, mademoiselle ; grâce aux soixante-cinq ans de grandpapa.

Edmund.

Yes ; thanks to grandpa' being sixty-five.

M. Dorimont.

Qu'est-ce que j'entends là, Edmond ?

Mr. Dorimont.

What are you talking about there, Edmund ?

Edmond.

Je fais la cour à Mademoiselle Darville, grandpapa.

Edmund.

I am courting Miss Darville, grandpa'.

M. Dorimont (*riant*).

A mes dépens, il me semble.

Mr. Dorimont (*laughing*).

At my expense, methinks.

Mme. Beaufort (*après la contre-danse*).

Vous jouerai-je une Polka ?

Mrs. Beaufort (*after the cotillion*).

Shall I play you a Polka ?

Les Jeunes Gens.

Oh ! oui, madame.

The Young People.

Oh ! yes, ma'am, do.

Mme. Dorimont.

George, faites danser Marie. Je voudrais avoir une idée de la manière dont les élégantes de Paris dansent aujourd'hui.

Mrs. Dorimont.

George, dance with Marie. I would like to have a specimen of the present style of dancing among the fashionables of Paris.

Marie (*souriant*).

Je suis bien incapable de les imiter, chère madame. (*Elle fait deux ou trois tours de Polka avec* George.)

Marie (*smiling*).

I can give you but a poor imitation of them, dear madam. (*She waltzes two or three times around the room with* George.)

M. Dorimont (*bas au* Général Bertrand).

Comme elle est gentille !

Mr. Dorimont (*whispering to* General Bertrand).

What a sweet girl she is !

Le Général Bertrand (*bas*).

C'est un ange de bonté, de douceur, de piété. Oh ! mon cher : j'aurais donné dix ans de

General Bertrand (*whispering*).

She is an angel of goodness, mildness, and piety. My dear fellow, I would give ten

ma vie pour qu'elle devînt la femme de George.

years of my life, could she become the wife of my George.

M. DORIMONT.

Eh bien ! pourquoi pas ?

MR. DORIMONT.

Well ! why not ?

LE GÉNÉRAL BERTRAND.

Hélas ! c'est impossible. Il y a ici un jeune homme très haut placé, ayant une grande fortune, qui lui fait la cour ; c'est, je crois, à peu près arrangé.

GENERAL BERTRAND.

Alas ! it is impossible. There is a young man here, of high rank and great wealth, who is very attentive to her. I think it is a matter about being settled.

M. DORIMONT.

Quel dommage !

MR. DORIMONT.

What a pity !

MME. DORIMONT.

Déjà dix heures et demie ! (*A* M. BEAUFORT.) Mon fils, veuillez voir pourquoi on n'apporte pas des rafraîchissements à cette jeunesse. (*A* MME. DARVILLE.) Notre salle à manger est si petite, que j'ai préféré faire servir dans le salon ; vous voyez, chère madame, que notre réunion est bien sans cérémonie.

MRS. DORIMONT.

Half-past ten already ! (*To* MR. BEAUFORT.) Will you be kind enough to inquire why the refreshments for these young people have not been brought in. (*To* MRS. DARVILLE.) Our dining-room is so very small, that I preferred having supper in this parlor ; you see how unceremoniously I receive you.

MME. DARVILLE.

Elle n'en est que plus agréable.

MRS. DARVILLE.

Your welcome is the more gratifying for being so sociable.

CORALIE.

Maman, joue-nous encore une Polka. (*Les jeunes gens continuent à danser. Pendant ce temps-là, le domestique prépare le souper.*)

BERTHE (*vivement*).

Oh ! les bonnes choses ! On mange joliment bien chez bonne maman.

EDMOND.

Je crois bien.

MME. DORIMONT.

Allons, mes enfants, vous avez pris assez d'exercice pour apprécier quelques friandises.

MME. BEAUFORT.

Venez vous placer tous autour de cette table ; nous er mettrons une plus petite là-bas pour les gens raisonnables.

EDMOND.

Monsieur Charles, vous n'appartenez pas à cette catégorie-là, n'est-ce pas ?

CHARLES.

Je n'en sais vraiment rien ; il me semble que les deux tables of-

CORALIE.

Mother, play us another Polka. (*The young people continue to dance. Meanwhile the servant prepares the supper-table.*)

BERTHA (*hastily*).

Oh ! what nice things ! Grandma' always has plenty of goodies.

EDMUND.

Yes, indeed.

MRS. DORIMONT.

Come, children, you have taken enough exercise to appreciate a little supper.

MRS. BEAUFORT.

You can all sit around this table ; we will set a smaller one over there, for the reasonable portion of the company.

EDMUND.

Mr. Charles, do you belong to that set ?

CHARLES.

I don't exactly know ; both tables appear very attractive.

frent beaucoup d'agrément. (*A* Mme. Beaufort.) Permettez-moi de servir cette Charlotte Russe, madame.

(*To* Mrs. Beaufort.) Allow me to serve this Charlotte Russe.

M. Beaufort.

Ne vous en donnez pas la peine, monsieur; je vais m'en charger.

Mr. Beaufort.

Do not take that trouble; I will serve it.

Berthe.

Je voudrais bien un peu de ces glaces, maman.

Bertha.

I would like some of that ice-cream, mamma.

M. Dorimont (*à* Mme. Darville).

Ne prendrez-vous pas quelque chose, madame?

Mr. Dorimont (*to* Mrs. Darville.)

Will you not be helped to something?

Mme. Darville.

Merci; quand on dîne à six heures et demie, il est presqu'impossible de souper; surtout, lorsqu'on ne prend pas d'exercice.

Mrs. Darville.

Thank you; when one dines at half-past six, it is almost impossible to take supper; particularly, taking no exercise.

Marie.

Eh bien! moi j'ai retrouvé mon appétit de la campagne. Je me souviendrai longtemps de cette bonne soirée. Quelle différence entre ces réunions de famille et les extravagantes fêtes du grand monde!

Marie.

Well, I have recovered my country appetite. I shall long remember this agreeable evening. How different these family meetings are, from the extravagant fêtes of the gay world.

CHARLES.

Les unes vous rajeunissent; et les autres vous vieillissent.

CHARLES.

The former make you feel younger; the latter, older.

LE DOMESTIQUE.

La voiture de Mme. Darville.

THE SERVANT.

Mrs. Darville's carriage.

MME. DORIMONT.

Déjà, chère madame ?

MRS. DORIMONT.

You leave us already ?

MME. DARVILLE.

Il est onze heures, et je sais que vous ne veillez jamais très tard.

MRS. DARVILLE.

It is eleven o'clock, and I know you always retire early.

MME. DORIMONT.

J'espère bien que nous aurons le plaisir de vous revoir, avant votre départ pour la campagne.

MRS. DORIMONT.

I hope we shall have the pleasure of seeing you again, before you leave for the country.

CHARLES (*au* GÉNÉRAL BERTRAND).

Général, voulez-vous reconduire ces dames dans la voiture ? je m'en irai à pied avec George.

CHARLES (*to* GENERAL BERTRAND).

General, will you ride home with these ladies ? George and I will walk.

MARIE (*embrassant* CORALIE *et* BERTHE).

Adieu, mesdemoiselles. N'oubliez pas que vous devez nous faire une visite à Vogerolles, au printemps.

MARIE (*kissing* CORALIE *and* BERTHA).

Farewell, young ladies, remember you are to make us a visit at Vogerolles, this spring.

BERTHE.

Oh ! nous ne l'oublierons pas ; soyez tranquille.

EDMOND.

Suis-je compris dans l'invitation ?

CHARLES.

Sans doute, mon honorable associé. Nous irons à la chasse ensemble ; nous ferons des parties à cheval, et nous taquinerons les dames : cela vous convient-il ?

EDMOND.

Je crois bien. Adieu.

M. DORIMONT (*reconduisant* MME. DARVILLE).

Je suis si reconnaissant, madame, de ce que vous ayez bien voulu nous consacrer cette soirée, lorsque tant de monde vous réclame.

MME. DARVILLE.

La bonne amitié a toujours eu pour moi les premiers droits. Bonsoir, général, à bientôt.

BERTHA.

Oh ! we will not forget it ; don't fear.

EDMUND.

Am I included in the invitation ?

CHARLES.

Of course, my honorable partner. We will hunt together, take long rides, and tease the ladies : will that suit you ?

EDMUND.

Indeed, it will. Good-by.

MR. DORIMONT (*escorting* MRS. DARVILLE *to her carriage*).

I feel so gratified, that you should have devoted this evening to us, when so many claim you.

MRS. DARVILLE.

Friendship's claims have always been the first in my estimation. Farewell, general, I hope to see you soon again.

CHAPITRE XVIII.

L'Hotel de Hollande.

—

Mme. Darville.—Marie.—George.—Charles.

—

Mme. Darville.

Eh bien ! mon enfant, il paraît que Laure se marie positivement dans huit jours.

Marie.

Oui, maman ; il est temps de nous occuper de nos toilettes. Je pense qu'il y aura beaucoup de monde à la signature du contrat.

Mme. Darville.

Probablement. Tu sais que ta tante aime l'apparat. Pauvre sœur ! souvent je la plains ; car son existence, malgré ses nombreux devoirs de société, est bien vide.

Charles (*entrant*).

Je viens vous consulter sur

CHAPTER XVIII.

The Hotel de Hollande.

—

Mrs. Darville.—Marie.—George.—Charles.

—

Mrs. Darville.

Well, Marie, it appears Laura is to be married positively in a week.

Marie.

Yes, mamma ; it is time to attend to our dresses. I suppose there will be a great deal of company for the reading of the marriage contract.

Mrs. Darville.

Very likely. You know your aunt is fond of display. Poor sister ! I often pity her ; notwithstanding her numerous social duties, her life is a very unsatisfactory one.

Charles (*entering the room*).

I have come to consult you

deux choses très importantes. D'abord, voici un récalcitrant que je vous dénonce.

about two important matters. First and foremost, here is a rebel whom I denounce to you.

BONCHAMP (*annonçant*).

Monsieur Dalbret.

BONCHAMP (*announcing*).

Mr. Dalbret.

MME. DARVILLE (*riant*).

Vous, George ? Je vous croyais le plus dévoué des amis.

MRS. DARVILLE (*laughing*).

You, George ? I thought you a most devoted friend.

GEORGE.

Vous aviez raison, madame ; mais ce que Charles me demande, ne peut nullement obliger mes amis, et me serait, pour le moins, désagréable.

GEORGE.

You were right ; but what Charles requires of me, cannot in any way benefit my friends, and would be, to say the least, disagreeable to me.

CHARLES.

Tais-toi, mon cher. Je demande la parole. Figurez-vous que ma tante de Parnes, qui vraiment a beaucoup de bon, a écrit un amour de petit billet au Général Bertrand ; l'invitant, lui, et cet avocat que voici, pour la signature du contrat de mariage de Laure. Eh bien ! ce monsieur veut faire le malade, tandis que son oncle, qui sait vivre, s'empressera de se rendre à l'invitation de ma noble tante. Trouvez-vous cela aimable ?

CHARLES.

Hush, my dear fellow. I want to explain matters myself. You must know that my aunt de Parnes, who really has some good traits in her character, wrote a sweet little note to General Bertrand, inviting him and this lawyer to be present at the reading of Laura's marriage contract. Well ! this gentleman wishes to plead illness and get off, while his uncle, who has better manners, will accept my aunt's invitation. Do you call that amiable ?

MME. DARVILLE.

Non; et quand George aura réfléchi, que ce serait me faire de la peine, que de refuser d'aller à cette soirée, il se retractera; n'est-ce pas, Marie?

MRS. DARVILLE.

No; and when George reflects, that by refusing to go to this reception, he would hurt my feelings, I know he will change his mind. Don't you think so, Marie?

MARIE.

Cependant, maman, si cela est vraiment désagréable à George, je trouve qu'il est indiscret à nous d'insister.

MARIE.

However, mamma, if it is really disagreeable to George to go, I don't think we ought to urge it.

CHARLES.

Tu n'as pas le sens commun, marquise!

CHARLES.

Nonsense, marchioness!

MARIE.

George sait bien qu'il nous ferait plaisir. Alors, il doit avoir une raison que nous ignorons.

MARIE.

George knows he would gratify us by going. He must, therefore, have some reason which we are unacquainted with.

MME. DARVILLE.

Allons, il ira; c'est arrangé, n'est-ce pas?

MRS. DARVILLE.

He will go; it is all settled, is it not?

GEORGE.

Vous savez, madame, que vos desirs sont des ordres pour moi.

GEORGE.

You know your wishes are orders for me, dear madam.

CHARLES.

Oh! les femmes! les femmes!

CHARLES.

Oh! women! women! How

Quel pouvoir elles possèdent! Un seul regard fait plus d'effet que toute notre éloquence. A present, passons à ma seconde affaire. Que dois-je donner à Laure?

great their influence! One single look will accomplish more than all our eloquence. Now, let us discuss my other business. What shall I give Laura?

Mme. Darville.

Un bijou. Tiens; une garniture de boutons en turquoises et diamants. J'en ai vu hier de très belles, chez Bassot. Vas-y avec George; je sors avec Marie à l'instant; je n'ai que mon chapeau à mettre. Viens, Marie, ces messieurs descendront avec nous. (*Elles sortent.*)

Mrs. Darville.

A jewel; a set of turquoise and diamond buttons. I saw some beautiful ones yesterday, at Bassot's. Stop there with George. I am going out with Marie in a few minutes. I have only my bonnet to put on. Come, Marie, these gentlemen will go down with us. (*They leave the sitting-room.*)

George.

Charles, pourquoi as-tu insisté pour me faire aller à cette soirée, qui me mettra au désespoir; toi, mon meilleur ami?

George.

Charles, why did you insist upon my going to this party, which will fill my heart with despair; you, my best friend?

Charles.

Parce que j'ai mes raisons particulières, à moi intimement connues. Je te les donnerai un de ces jours. Pourquoi ce chagrin—ce découragement, mon cher ami? Tout n'est pas perdu. J'ai encore de l'espoir.

Charles.

Because I have particular reasons, unknown to any one else. I will mention them to you one of these days. Why so unhappy—so discouraged, my dear fellow? All is not lost. I still have hope.

GEORGE (*soupirant*).

Je n'en ai aucun.

GEORGE (*sighing*).

I have none.

MARIE (*en chapeau*).

Voyons ; de quelle couleur ferai-je faire ma robe pour la grande occasion ?

MARIE (*with her bonnet on*).

What color shall my dress be for the grand occasion ?

CHARLES.

Bleue ; c'est ta couleur.

CHARLES.

Blue ; that is most becoming to you.

MARIE.

George, sera-t-elle bleue ?

MARIE.

George, shall it be blue ?

GEORGE (*souriant*).

Moi qui suis toujours de l'opinion de tout le monde, je crois que je ferai de l'opposition. Je dis rose.

GEORGE (*smiling*).

I always adopt the opinion of others ; but now I think I will be in the opposition. I say pink.

MARIE.

Allons, messieurs, il ne sera pas facile de vous satisfaire tous deux.

MARIE.

Well, gentlemen, it will not be an easy matter to gratify you both.

MME. DARVILLE.

Je suis prête, mes enfants. Marie, nous allons chez Baudrant et chez Madame de Baisieux.

MRS. DARVILLE.

I am ready, my children. Marie, we are going to Baudrant's and to Madame de Baisieux.

MARIE.

Oui, maman. (*Ils sortent.*)

MARIE.

Yes, mamma. (*They go out.*)

CHAPITRE XIX.

La Modiste et la Couturière.
Chez Baudrant.

———

Mme. Darville (*à une demoiselle*).

Je voudrais voir le chapeau que j'ai commandé il y a quelques jours; je crois qu'il sera nécessaire d'y faire quelques changements.

La Demoiselle.

Je vais le faire demander à l'atelier, madame; en attendant, voulez-vous voir quelques nouveautés? Voici un chapeau blanc habillé, qui ira parfaitement à mademoiselle.

Mme. Darville.

Il est, en effet, très élégant. Marie, essaie-le, mon enfant.

Marie.

Mais, maman, j'ai déjà plusieurs chapeaux.

Mme. Darville.

Celui-ci te servira pour tes

CHAPTER XIX.

The Milliner and Dressmaker.
At Baudrant's.

———

Mrs. Darville (*to one of the young girls*).

I would like to see the bonnet I ordered a few days ago; I think it will require a few alterations.

The Young Girl.

I will send to the work-room for it, ma'am. Meanwhile, will you look at some of our last fashions? Here is a white dress-bonnet, which will be very becoming to this young lady.

Mrs. Darville.

It is truly elegant. Marie, try it on.

Marie.

Mamma, I already have several bonnets.

Mrs. Darville.

You can wear this one to

visites d'adieu, avant notre dé- | make your farewell visits, be-
part. | fore we leave.

MARIE.

Comme tu voudras; je me ferai une douce violence.

MARIE.

Just as you say; I will allow myself to be prevailed upon.

LA DEMOISELLE.

Voici les trois chapeaux de Mademoiselle de Parnes : son chapeau de visite ; quelle légèreté dans cette blonde et ces plumes ! Remarquez ces tubéreuses, comme elles sont fines ! En voici un autre rose, à fleurs ; et celui en velours gros vert, n'est pas moins joli. Ces dames se mettent avec un goût exquis.

THE YOUNG GIRL.

Here are Mademoiselle de Parnes' three bonnets : her visiting bonnet ; how light this blonde and feathers are ! Do notice the fine texture of these tuberoses. Here is another pink one, with flowers ; and this dark green velvet is not less pretty. Those ladies dress with a great deal of taste.

MME. DARVILLE.

C'est délicieux ! Ah ! voilà mon chapeau. Je voudrais que vous eussiez la bonté, mademoiselle, d'y faire mettre des plumes au lieu de ces fleurs en velours, que j'avais choisies ; et veuillez remplacer cette blonde par une voilette en chantilly ; c'est plus habillé. Pouvez-vous m'envoyer ces deux chapeaux demain ?

MRS. DARVILLE.

These are beautiful indeed ! Ah ! here is my bonnet. I wish you to have it trimmed with feathers, instead of the velvet flowers I had selected ; and be kind enough to change this blonde for a small black lace veil. It is more dressy. Can you send me these two bonnets to-morrow ?

LA DEMOISELLE.

Oui, madame. Permettez-

THE YOUNG GIRL.

Yes, ma'am. Allow me to

moi de vous faire voir quelques coiffures. Voici une espèce de turban, à filets d'or, qui est ravissant ; rien n'est mieux porté. Madame a-t-elle été contente de ses bonnets ?

show you a few head-dresses. Here is a sort of turban with gold bands, which is exquisite ; nothing can be in better taste. Were you pleased with your caps ?

Mme. Darville.

Oui ; ils vont à merveille. Cette coiffure me plaît ; envoyez-la-moi aussi.

Mrs. Darville.

Yes ; they are very becoming to me. This head-dress suits me ; send it to me also.

Marie.

Oh ! maman, pardon, un instant ; je voudrais essayer ces deux coiffures en rubans. (*A la demoiselle.*) Elles ne doivent pas être très cher, mademoiselle ?

Marie.

Oh ! mamma, excuse me one moment ; I would like to try on these two ribbon head-dresses. (*To the young girl.*) They cannot be very expensive ; are they ?

La Demoiselle.

Vingt francs seulement. Elles vous vont à ravir. C'est si commode, quand on veut se coiffer simplement.

The Young Girl.

Only twenty francs. They are very becoming indeed ; and so convenient, when one fancies a simple head-dress.

Marie.

Oui ; elles me seront très utiles. Maman, vous permettez ?

Marie.

Yes ; they will be very useful to me. Mamma, may I take them ?

Mme. Darville.

Certainement. Vous ajoute-

Mrs. Darville.

Certainly. You will add these

rez ces deux objets, et surtout n'oubliez pas la note.

two articles to those we have chosen, and be particular to send me the bill.

LA DEMOISELLE.

Madame peut s'en rapporter à moi.

THE YOUNG GIRL.

You can depend upon me, ma'am.

MME. DARVILLE.—MARIE.—MME. DE BAISIEUX.—UNE DEMOISELLE.

MRS. DARVILLE.—MARIE.—MME. DE BAISIEUX.—A YOUNG GIRL.

MME. DE BAISIEUX.

Bonjour, mesdames ; je suis si heureuse de vous voir. Vos robes vous attendent, mademoi- selle. Nous allons aussi nous occuper de votre toilette pour le mariage de Mademoiselle de Parnes. Ces dames sortent d'ici.

MME. DE BAISIEUX.

Good morning, ladies ; I am most happy to see you. Your dresses are ready for you, Miss Darville. We must also see about your toilet for Mademoi- selle de Parnes' wedding. Those ladies have just left here.

MME. DARVILLE.

Oui, je venais vous consulter là-dessus. Voyons, Marie ; il me semble que tu as voix au chapitre.

MRS. DARVILLE.

Yes, I came for that purpose. Come, Marie ; I think you are entitled to an opinion on the subject.

MARIE.

Je m'en rapporte entière- ment à Madame de Baisieux ; elle a tant de goût.

MARIE.

I will trust entirely to Ma- dame de Baisieux ; she has such excellent taste.

MME. DE BAISIEUX.

Mademoiselle est bien bonne.

MME. DE BAISIEUX.

You are very kind. Here is

Tenez, voici une toilette bleue, que je viens de faire finir pour Mademoiselle d'Ivry.

a blue dress I have just finished for Mademoiselle d'Ivry.

MARIE.

Elle est bien jolie; mais je suis fatiguée de bleu. Ne pourriez-vous me faire une toilette rose, dans le même genre?

MARIE.

It is very pretty; but I am tired of blue. Could you not have a pink dress made for me, in the same style?

MME. DE BAISIEUX.

Parfaitement. Il est tout-à-fait indifférent que le tulle soit rose ou bleu. Seulement on changera les fleurs. Avec quoi la garnirons-nous? des bruyères? voyons;—non—c'est roide. Oh! tenez, mademoiselle, je viens d'envoyer une toilette à Madame la Duchesse de Nemours, qui vous irait à merveille; elle est garnie d'églantiers; c'est d'une fraîcheur!

MME. DE BAISIEUX.

Perfectly. It is immaterial that the tulle should be pink or blue. The flowers will have to be different, that is all. What shall we trim it with? heath? let me see;—no—that is too stiff. Oh! I have just sent the Duchess of Nemours a pink dress, which would suit you exactly; it was trimmed with wild roses, and so very youthful!

MARIE.

L'idée est excellente; je l'adopte. Me voilà habillée pour la signature du contrat; mais pour le mariage, madame, il me faudra une autre toilette. Il faut que je sois en blanc, n'est-ce pas, maman?

MARIE.

That is an excellent idea; I will adopt it. Now I am dressed for the reading of the marriage contract; but for the wedding, I must have another toilet. My dress must be white, don't you think so, mamma?

MME. DARVILLE.

Oui, mon enfant, et assez

MRS. DARVILLE.

Yes, dear, and rather simple.

simplement. Ce jour-là, il faut céder tout le luxe à la mariée. La robe de Mademoiselle de Parnes, sera-t-elle très belle ?

On that occasion, all magnificence must be given up to the bride. Is Mademoiselle de Parnes' dress very rich ?

Mme. de Baisieux.

Elle est en moire antique, couverte d'Angleterre ; rien ne peut être plus beau ! Je suis tout-à-fait de votre avis, madame, qu'une toilette simple, quoiqu'élégante, conviendrait mieux à mademoiselle. J'ai là une soie glacée, qui serait très jolie, faite à volants.

Mme. de Baisieux.

It is to be of moire antique, covered with point lace ; nothing can be more beautiful ! I am quite of your opinion, ma'am, that a simple, though stylish, dress would be more suitable for this young lady. I have a glacé silk, which would be very pretty, made with flounces.

Marie.

Je n'ai pas la moindre objection, si maman y consent.

Marie.

I have no objection, if it suits mamma.

Mme. de Baisieux.

Si toutes mes pratiques étaient aussi peu difficiles que vous, mademoiselle, je ferais beaucoup plus d'ouvrage dans ma journée. Je suis restée, ce matin, une bonne heure, avec mademoiselle votre cousine, à décider d'une garniture de volants.

Mme. de Baisieux.

If all my customers were as easily satisfied as you, miss, I would accomplish much more work through the day. This morning I spent a whole hour with your cousin, before she could make up her mind about a trimming for her flounces.

Mme. Darville.

Quelle perte de temps !

Mrs. Darville.

What a loss of time !

Marie, tu dois essayer tes robes. (*Elles passent dans un boudoir, meublé avec beaucoup d'élégance.*)

Marie, you must try on your dresses. (*They step into a boudoir, which is elegantly furnished.*)

MME. DE BAISIEUX.

Il ne nous faudra qu'un instant. (*A la demoiselle.*) Demandez les robes de Mademoiselle Darville. Et pour vous, madame ?

MME. DE BAISIEUX.

It will only take a few minutes. (*To the young girl.*) Ask for Miss Darville's dresses. And what shall I make for you, ma'am ?

MME. DARVILLE.

Eh bien ! je ne suis pas très décidée ; vous savez que j'ai du velours, de la moire, du satin. Portant toujours du noir, il me semble qu'il n'y a pas grande variété.

MRS. DARVILLE.

Well, I have not made up my mind about it. You know, I have velvet, moire, satin. As I always wear black, I don't think there is much variety.

MME. DE BAISIEUX.

Vous avez une robe de satin broché. Si vous faisiez mettre des volants de dentelle noire, sur du satin uni ? (*La demoiselle apporte les robes. MME. DE BAISIEUX les essaie.*)

MME. DE BAISIEUX.

I believe you have a broché satin. Supposing you have black lace flounces on plain satin ? (*The young girl brings in the dresses. MME. DE BAISIEUX tries them on.*)

MME. DARVILLE.

Ce serait une grande extravagance.

MRS. DARVILLE.

It would be a great piece of extravagance.

MARIE.

Ah ! par exemple, maman ; tu n'es pas assez coquette. Tu sais que nous devons te faire un cadeau pour ta fête, Charles et moi. Eh bien ! Nous te donnerons des volants de dentelle noire.

MARIE.

Oh ! mother, you are not coquettish enough. You know Charles and I are going to make you a present for your birthday. Well, we will give you black lace flounces.

MME. DARVILLE.

Je m'y oppose formellement, mes enfants. Si Madame de Baisieux croit que les volants soient essentiels, je me conformerai aux exigences de la mode.

MRS. DARVILLE.

I positively oppose that arrangement. If Madame de Baisieux thinks the flounces essential, I will submit to the tyranny of fashion.

MARIE.

Oh ! cette robe me gêne plus que l'autre ; les entournures sont trop étroites, et la taille me paraît bien courte. Ces affreuses basques ! Quand donc se débarrassera-t-on de cette mode disgracieuse ?

MARIE.

Oh ! this dress is tighter than the other ; the arm-holes are too small, and the waist appears to be very short. These ugly basques ! When will we get rid of this ungraceful fashion ?

MME. DE BAISIEUX.

Graduellement. Je suis de votre avis, mademoiselle ; elle ne fait pas ressortir la beauté de la taille. (*A la demoiselle*.) Venez habiller mademoiselle.

MME. DE BAISIEUX.

Gradually. I am of your opinion ; it does not display the beauties of the figure. (*To the young girl*.) Assist Miss Darville in putting on her dress.

MME. DARVILLE.

Je puis compter sur vous,

MRS. DARVILLE.

I can depend upon you, can

madame, n'est-ce pas ? Alors il est convenu, que vous me mettrez des volants de dentelle sur du satin noir ; et tout sera prêt dans huit jours ?

I not? Then it is settled, that you will put the lace flounces on black satin ; and all will be ready in a week?

Mme. de Baisieux.

Bien certainement, madame. (*Reconduisant les dames.*) J'ai l'honneur de vous saluer, mesdames.

Mme. de Baisieux.

Certainly, ma'am. (*She accompanies the ladies to the door.*) Good-morning, ladies.

Marie.

Ne me serrez pas trop la taille, madame.

Marie.

Do not tighten my waist too much.

Mme. de Baisieux.

Soyez tranquille, mademoiselle.

Mme. de Baisieux.

Be perfectly easy.

CHAPITRE XX.
L'Hôtel de Parnes.
La Signature du Contrat.

M. et Mme. de Parnes.—Laure.——Mme. Darville.—Charles.—Marie.—M. de Montreuil.—M. et Mme. Dorimont.—M. et Mme. de Forlis.—Le Général Bertrand.—George.—M. et Mme. de Lussan, etc., etc., etc.—Le Notaire.

CHAPTER XX.
The Hotel de Parnes.
Reading of the Marriage Contract.

M. and Mme. de Parnes.—Laura.—Mrs. Darville.—Charles.—Marie.—Mr. and Mrs. Dorimont.—M. and Mme. de Forlis.—General Bertrand. — George.— M. and Mme. de Lussan, etc., etc., etc.—A Notary.

(*Le salon est rempli de monde ;
les femmes en grande toilette.
Au milieu de l'appartement,
une table sur laquelle il y a
des papiers, une écritoire, des
plumes. Dans une pièce à
droite, sont des bijoux, des
bronzes artistiques, des objets de valeur—cadeaux de
Laure. A gauche, un petit
salon contenant une table-
buffet, couverte de mets déli-
cats, sucreries, etc. Beaucoup
de fleurs et de lumière partout.*)

(*The drawing-room is filled
with company ; the ladies in
full dress. In the middle of
the room stands a table, upon
which are papers, an inkstand,
and pens. In a parlor on
the right, may be seen jewel-
ry, bronzes, and various valuable things,—Laura's wedding
presents. On the left, another
small parlor containing a
table covered with delicacies
of all kinds. A profusion of
light and flowers everywhere.*)

JACQUES (*annonçant*).

Monsieur et Madame Dori-
mont.

JAMES (*announcing*).

Mr. and Mrs. Dorimont.

MME. DE PARNES.

Je suis trop heureuse de vous
voir, chère madame. Comment
vous portez-vous ?

MME. DE PARNES.

I am most happy to see you,
dear madam. Your health is
good, I hope ?

MME. DORIMONT.

Beaucoup mieux, merci. Permettez-moi de vous offrir mes
compliments les plus sincères ;
on dit tant de bien de M.
de Montreuil ; votre cœur doit
être parfaitement satisfait, madame.

MRS. DORIMONT.

Much better, thank you. Allow me to offer you my most
sincere congratulations. M. de
Montreuil is so highly spoken
of ; every wish of your heart
must be gratified.

MME. DE PARNES.

Oui, rien ne manque au bonheur de ma fille.

JACQUES (*annonçant*).

Monsieur et Madame de Brevannes, Miss Howard, Monsieur Arthur de Brevannes.

MME. DE PARNES.

Bonsoir, mesdames. (*Elle reçoit d'autres personnes ; la société circule dans les salons, la conversation devient générale.*)

MME. DE LUSSAN (à LAURE).

Comme vous êtes bien mise, Laure ! Mais pourquoi cet air soucieux ? Un jour comme celui-ci, où tout vous sourit, il me semble que vous pourriez bien saluer la Fortune d'un plus doux regard.

LAURE.

Je suis si fatiguée de recevoir des félicitations ! au point que le bonheur et les vœux de mes amis m'accablent. Je ne serai pas fâchée de quitter Paris pour quelque temps.

MME. MERCOURT.

Vous partez demain, mademoiselle ?

MME. DE PARNES.

Yes, my daughter is perfectly happy.

JAMES (*announcing*).

Monsieur and Madame de Brevannes, Miss Howard, Monsieur Arthur de Brevannes.

MME. DE PARNES.

Good-evening. (*She receives other guests ; the company disperses through the parlors, the conversation becomes general.*)

MME. DE LUSSAN (*to* LAURA).

How beautifully you are dressed, Laura ! But why that look of concern ? Upon such an occasion as this, when every thing smiles upon you, methinks you might welcome Dame Destiny with a kinder look.

LAURA.

I am so tired of being congratulated ! so much so, that I am literally *crushed* by the joy and the good wishes of my friends. I shall not be sorry to leave Paris for some time.

MRS. MERCOURT.

You leave to-morrow ?

LAURE.

Oui, pour visiter l'Angleterre. Nous y passerons un mois.

LAURA.

Yes, to visit England. We will remain there a month.

M. SAINVAL.

Vous parlez sans doute l'anglais ?

MR. SAINVAL.

I suppose you speak English ?

LAURE.

As fluently as French.

LAURA.

As fluently as French.

MME. MERCOURT.

Vous avez une facilité étonnante. Dites-moi donc, il paraît que Mme. de Forlis a enfin ouvert ses salons; son bal était superbe, dit-on. Elle est bien belle ce soir ; quelle profusion de diamants! mais quel air hautain et dédaigneux. J'espère bien que cette gentille personne là-bas, ne deviendra jamais sa belle-fille.

MRS. MERCOURT.

You have a wonderful facility. Do tell me, it appears Mme. de Forlis has at last made up her mind to receive company. I am told her ball was magnificent. She is superb this evening ; what a profusion of diamonds! but how haughty and disdainful she looks ! I hope that sweet girl over there, will never become her daughter-in-law.

LAURE.

Elle ne serait pas très à plaindre.

LAURA.

She would not be much to be pitied.

JACQUES (*annonçant*).

Le Général Bertrand, Monsieur Dalbret.

JAMES (*announcing*).

General Bertrand, Mr. Dalbret.

FANNY (*à* MARIE).

Qui est donc ce jeune homme qui entre avec ce monsieur d'un certain âge ?

FANNY (*to* MARIE).

Who is that young man just coming in, with that elderly gentleman ?

MARIE.

Ce sont deux de nos bons amis, que je vous présenterai ce soir.

MARIE.

They are dear friends of ours, whom I will introduce to you this evening.

FANNY.

Tant mieux. Quel joli garçon ! quel air distingué ! Marie, vous le connaissez depuis longtemps ?

FANNY.

It will give me great pleasure. What a handsome fellow ! how genteel ! Marie, have you known him a long time?

MARIE.

Depuis mon enfance. (*A* GEORGE.) George, je veux vous présenter à Miss Howard, une aimable amie à moi.

MARIE.

Since my childhood. (*To* GEORGE.) George, let me introduce you to Miss Howard, a sweet little friend of mine.

GEORGE.

J'ai déjà beaucoup entendu parler de mademoiselle.

GEORGE.

I have heard a great deal about Miss Howard.

FANNY (*vivement*).

Vraiment ! monsieur. Ah ! la parole nous est défendue pour le moment ; on va lire le contrat.

FANNY (*hastily*).

Indeed ! Ah ! we are not allowed to speak just now ; the marriage contract is to be read.

(*Le notaire s'approche de la table.* LAURE, M. DE MON-

(*The notary goes to the table.* LAURA, M. DE MONTREUIL,

TREUIL, *les membres de leurs familles, se placent à quelques pas. Le plus grand silence règne dans les salons. Le notaire fait la lecture du contrat. Ensuite,* M. DE MONTREUIL, LAURE, *leurs parents et plusieurs personnes de la société, signent l'acte. La conversation redevient générale. Beaucoup de personnes passent dans le petit salon pour y prendre des glaces et autres rafraîchissements.)*

and their families, stand at a short distance. A profound silence is observed throughout the parlors. The notary reads the contract. Immediately afterwards, M. DE MONTREUIL, LAURA, *their relations, and several of the company, sign the act. General conversation is resumed. Many persons walk into the side parlor, to take ices and other refreshments.)*

MME. DE FORLIS (*à* MME. DARVILLE).

Votre fille est charmante ce soir, madame; du reste, elle l'est toujours. Au dernier bal de la cour, elle a été remarquée par l'Empereur.

MME. DE FORLIS (*to* MRS. DARVILLE).

Your daughter looks sweetly this evening; in fact she always does. At the last court-ball she was noticed by the Emperor.

MME. DARVILLE.

C'est un honneur auquel j'attache bien peu d'importance. Une toilette plus ou moins élégante peut en obtenir autant, bien facilement.

MRS. DARVILLE.

It is an honor to which I attach very little importance, as any handsome dress would obtain the same distinction.

MME. DE FORLIS.

Vous avez tort, madame. L'admiration est un droit auquel les femmes doivent tenir

MME. DE FORLIS.

You are wrong. Women should value admiration a great deal, and you may well be

beaucoup, et vous devez être fière des succès que mademoiselle votre fille a obtenus cet hiver. J'ai tant regretté de n'avoir pas pu m'occuper davantage de vous chez moi, il y a quelques jours ; mais j'avais tant de personnes à voir ; il y a si longtemps que je vis retirée du monde.

proud of the sensation your daughter has created this winter. I regretted so much not being able to see more of you a few days ago at my own house. I had so many persons to entertain, having led a retired life for so long.

Mme. Darville.

Et moi aussi, madame. J'habite la campagne depuis bien des années ; mes enfants ont de la peine à s'habituer à la vie de Paris.

Mrs. Darville.

And I also. For many years I have lived in the country. My children find it difficult to become accustomed to the Parisian mode of living,

Mme. de Forlis.

Oh ! ce serait un crime de reléguer cette charmante personne à la campagne. (*A M. de Forlis.*) Mon fils, venez m'aider à persuader madame. Je crains qu'elle ne veuille nous quitter.

Mme. de Forlis.

Oh ! it would be a sin to bury this sweet girl in the country. (*To* M. de Forlis.) My son, assist me in persuading Mrs. Darville. I fear she thinks of leaving us.

M. de Forlis

J'espère bien que non. Je viens d'exprimer à Mademoiselle Darville, combien une pareille décision nous rendrait malheureux.

M. de Forlis.

I hope not. I have just been telling Miss Darville how much such a decision would distress us.

Le Général Bertrand (à M. Dorimont).

Ah! mon cher ami, comme je suis heureux de vous rencontrer! Je me promène dans cette foule depuis une demi-heure, sans y voir une figure de connaissance.

M. Dorimont.

Et Madame Darville et ses enfants?

Le Général Bertrand.

Ne m'en parlez pas, j'ai le cœur brisé. Je voudrais n'être jamais venu à Paris. Je n'aurais rien vu de mes propres yeux. Oh! mon cher, je ne suis qu'un vieil enfant.

M. Dorimont.

Allons, allons. Parlons d'autres choses. Voulez-vous que je vous serve de cicérone Voyez donc cette belle femme, debout devant cette glace, en robe de velours nacarat; c'est Mme. de Mausigny, la cousine de Laure.

Le Général Bertrand.

Elle a beaucoup d'éclat; mais

General Bertrand (to Mr. Dorimont).

Ah! my friend, how delighted I am to meet you! I have been in this crowd for half an hour, without seeing one single familiar face.

Mr. Dorimont.

Not Mrs. Darville and her children?

General Bertrand.

Don't mention them. My heart aches on the subject. I wish I had never come to Paris. I should not have seen all this with my own eyes. Ah! my dear friend, I am in my dotage.

Mr. Dorimont.

Come, come. Let us talk of something else. Shall I be your guide to-night? Look at that beautiful creature in crimson velvet, standing before the glass; that is Mme. de Mausigny, Laura's cousin.

General Bertrand.

She is very showy; but see

tenez, là-bas, á droite, cette jeune femme couverte de tulle noir ; quel délicieux profil !

over there, on the right, that young person covered with black tulle ; what an admirable profile she has !

M. Dorimont.

C'est la jeune Comtesse Bathilde de Croie, la fille d'un de mes frères d'armes. Elle est pétillante d'esprit.

Mr. Dorimont.

That is the young Countess Bathilda de Croie ; the daughter of one of my brothers in arms. She is witty in the extreme.

Le Général Bertrand.

Et cette grande jeune fille, qui sort de la serre, en robe bouton d'or ; on dirait une fleur animée. ·

General Bertrand.

And that tall young girl just coming out of the conservatory, in a gold-colored dress ; she resembles one of the flowers personified.

M. Dorimont.

C'est Mademoiselle d'Ivry. Mais remarquez donc Mme. de Forlis et ses diamants ; on pourrait croire qu'ils représentent ses illustres ancêtres, tant elle porte la tête haute.

Mr. Dorimont.

It is Mademoiselle d'Ivry. But do look at Mme. de Forlis and her diamonds ; one would suppose each of them personated one of her illustrious ancestors, she carries her head so high.

Mme. Mercourt.

Mon cher général, vous qui avez tant de tact et d'esprit, venez donc à mon secours. Je viens de faire une affreuse bé-

Mrs. Mercourt.

My dear general, you who possess so much wit and tact, do come to my assistance. I have made a terrible mistake

vue. Figurez-vous que j'ai critiqué, d'une manière indigne, Mme. de Forlis devant Mme. de Lussan, qui se trouve être sa parente ; aussi, la Duchesse me lance depuis des regards foudroyants.

Just fancy my criticising in the severest manner Mme. de Forlis in presence of Mme. de Lussan, who happens to be related to her ; and since then, the Duchess has been looking daggers at me.

M. DORIMONT.

Personne ne peut vous tirer d'embarras mieux que vousmême, chère madame. La nature vous a fourni des arguments irrésistibles.

MR. DORIMONT.

No one can better remedy the evil than yourself, dear lady. Nature has furnished you with irresistible arguments.

MME. MERCOURT.

Vous êtes un flatteur, général ; mais en conscience, ditesmoi, si cette vieille marquise, avec ses quatre-vingts ans et ses ornements, n'est pas souverainement ridicule ?

MRS. MERCOURT.

You flatter me, general. But do tell me, whether that old marchioness, with her eighty years and her ornaments, is not supremely ridiculous ?

M. DORIMONT.

Parfaitement.

MR. DORIMONT.

Of course.

FANNY (à GEORGE. *Elle lui donne le bras et passe dans le salon, où sont exposés les cadeaux de* LAURE.)

Non, je ne comprends pas encore, Monsieur Dalbret, comment il se fait que vous ne soyez pas amoureux fou de Marie.

FANNY (*to* GEORGE, *taking his arm, and walking into the parlor, where* LAURA'S *presents are exhibited.*)

No, I cannot understand, Mr. Dalbret, how it is that you are not dead in love with Marie.

GEORGE.

Vous m'avouerez que c'est foit heureux.

FANNY.

Peut-être ; mais j'aimerais mieux que cela fût. Au fait, vous devez me trouver bien franche, bien extraordinaire, n'est-ce pas ? de vous conter tout ce qui me passe par la tête. Mais c'est mon genre. Au bout d'une heure de conversation, vous me connaîtrez aussi bien que mes meilleurs amis.

GEORGE.

Vous possédez une qualité bien rare, mademoiselle, et presqu'unique á Paris, où tout est fausseté et dissimulation.

MARIE (*qui a entendu les dernières paroles de* GEORGE).

Ah ! (*à M.* DE FORLIS *qui lui donne le bras.*) Je viens de me frapper le pied contre cette porte. Pardon ; je me suis fait un mal affreux.

FANNY (*courant à elle*).

Marie, qu'avez-vous donc ? vous êtes bien pâle. Monsieur

GEORGE.

You will acknowledge, that it is a most fortunate thing.

FANNY.

Perhaps so ; but I would prefer it should be the case. You must think it very frank, very odd in me, to tell you every thing that crosses my mind ; do you not ? But that is my style. After you have conversed an hour with me, you will know my disposition as well as my best friends do.

GEORGE.

You possess a rare advantage, Miss Howard. I may say you stand alone, in that respect, in Paris, where every thing is false and deceitful.

MARIE (*who has overheard* GEORGE'S *last words*).

Ah ! (*to M.* DE FORLIS *whose arm she has taken.*) I have just struck my foot against this door. Excuse me. I have hurt myself dreadfully.

FANNY (*running to her*).

Marie, what is the matter ? how pale you are ! Monsieur

de Forlis, demandez un verre d'eau pour Mademoiselle Darville, je vous en prie.

de Forlis, pray get a glass of water for Miss Darville.

MARIE.

Oh! cela ne sera rien; je me sens mieux.

MARIE.

Oh! it is very trifling; I feel better.

MME. DE PARNES (*à* MME. DE BREVANNES).

Nous aurons, j'espère, le plaisir de vous voir demain au mariage de Laure. Vous savez, chère madame, que je compte sur vous.

MME. DE PARNES (*to* MME. DE BREVANNES).

I hope we shall have the pleasure of seeing you to-morrow at Laura's wedding. You know, dear madam, that I depend upon you.

MME. DE BREVANNES.

Ce sera avec joie que j'assisterai à la cérémonie. A quelle église se marie Mademoiselle Laure?

MME. DE BREVANNES.

I will be present at the ceremony with a great deal of pleasure. At what church will Miss Laura be married?

MME. DE PARNES.

A St. Thomas d'Aquin, notre paroisse; à onze heures précises.

MME. DE PARNES.

At St. Thomas d'Aquin, our parish church; at eleven o'clock precisely.

MME. DE BREVANNES.

Ce sera une bien jolie mariée. On me dit que son voile est de toute beauté.

MME. DE BREVANNES.

She will be a beautiful bride. I am told her veil is magnificent.

MME. DE PARNES.

C'est un cadeau de Mme. de

MME. DE PARNES.

It was given to her by Mme.

Montreuil; il est en effet très beau.

de Montreuil; it is in fact very handsome.

CHARLES (à ARTHUR).

Avez-vous vu les merveilles du petit salon? Il y a des bronzes de chez Denière, d'une grande beauté.

CHARLES (*to* ARTHUR).

Have you seen the wonders of that little parlor? There are some exquisite bronzes from Denière's.

ARTHUR.

L'argenterie surtout est d'un goût exquis. Ah! Montreuil, où allez-vous donc? Donnez-nous un instant; c'est à peine si nous avons eu l'occasion de vous faire notre compliment.

ARTHUR.

The silver is in particularly good taste. Ah! Montreuil, where are you going? Do spare us a moment; we have scarcely had a chance of congratulating you.

M. DE MONTREUIL.

Merci, mon cher ami. Ah! ça, je vous verrai à l'église, n'est-ce pas? Je vous ferai mes adieux en sortant, car nous partirons le même jour.

M. DE MONTREUIL.

Thank you, my dear fellow. By the by, I depend upon seeing you at church, will I not? I will take leave of you coming out, as we will start immediately.

CHARLES.

Heureux mortel! Voyons, Arthur, allons revoir les belles choses. (*Ils passent dans le petit salon.*)

CHARLES.

What a lucky fellow! Come, Arthur, let us go look at the pretty things again. (*They walk into the side parlor.*)

ARTHUR.

Miss Fanny, encore en conversation avec M. Dalbret! Mais—mais qu'est-ce que cela veut dire?

ARTHUR.

What, Miss Fanny, still in confab with Mr. Dalbret! What can it mean?

FANNY (*riant*).

Tout simplement, que M. Dalbret est très aimable, et qu'il ne voltige pas, de fleur en fleur, comme vous, messieurs.

FANNY (*laughing*).

Merely, that Mr. Dalbret is very agreeable, and does not flutter from flower to flower, as you do, gentlemen.

CHARLES.

Quelle injuste accusation, mademoiselle ?

CHARLES.

That is a very unjust accusation, Miss Howard.

FANNY.

Oh ! non ; je connais bien le monde à présent, et j'ai mes opinions arrêtées à son égard. Voyez donc cette belle garniture de boutons en turquoises. Est-elle heureuse cette Laure ! Je voudrais me marier, seulement pour avoir toutes ces jolies choses.

FANNY.

Oh ! no ; I know the world well now, and have a fixed opinion on the subject. Do look at this beautiful set of turquoise buttons. What a lucky creature Laura is ! I would like to get married, merely to have all these pretty things.

CHARLES.

Seulement ? A propos, George ; comment avez-vous trouvé la toilette *rose* de Marie ?

CHARLES.

For that reason only ? By the by, George, how do you like Marie's *pink* dress ?

FANNY.

Je viens de dire à M. Dalbret qu'il n'avait pas de goût ; il préfère la toilette de Madame d'Isigny à celle de Marie.

FANNY.

I have just been telling Mr. Dalbret, that he has no taste ; he prefers Madame d'Isigny's toilet to Marie's.

CHARLES.

" Des goûts et des couleurs,

CHARLES.

" Every one to his liking."

il ne faut pas disputer." Allons, George, cède-moi le plaisir de causer un instant avec Miss Howard ; et dis à ma mère, qui a l'air de s'ennuyer là-bas, que je serai à ses ordres, aussitôt qu'elle voudra s'en aller.

GEORGE.

J'ai un mal de tête fou, mon cher ami. Je vais faire ta commission et ensuite je rentrerai chez moi. Je vous salue, mademoiselle.

FANNY.

Bonsoir, monsieur. (GEORGE *sort.*) Eh bien ! excepté deux, c'est certainement le plus gentil garçon que j'aie rencontré ici.

CHARLES.

Il vaut son pesant d'or. Quels sont donc ces deux heureuses exceptions, mademoiselle ?

FANNY.

C'est mon secret.

(*Beaucoup de personnes passent dans la salle du souper. On commence à se retirer. Vers minuit, il ne reste plus qu'une vingtaine de personnes.*)

Come, George, let me have the pleasure of a little talk with Miss Howard ; and tell mother, who does not seem much entertained over there, that I shall be at her orders, as soon as she wants to go home.

GEORGE.

I have an awful headache, my dear fellow. I will deliver your message and then retire. Good-evening, Miss Howard.

FANNY.

Good-evening, sir. (GEORGE *leaves the room.*) Well! except two, this is the finest young man I have met here.

CHARLES.

He is worth his weight in gold. Who are those two lucky exceptions, Miss Howard ?

FANNY.

That is my secret.

(*Many persons go into the supper-room. The company begins to disperse. Towards twelve o'clock there are only about twenty persons remaining.*)

M. DE PARNES (*à* MARIE).

Qu'avez-vous donc ce soir, mon enfant ? Malgré cette ravissante toilette, je vous trouve toute changée.

MARIE.

Oui, mon oncle. Je suis souffrante ; cette vie de dissipation m'épuise.

M. DE PARNES.

Est-ce aussi la dissipation qui fait briller cette larme dans les yeux de ma petite amie ?

MARIE.

Peut-être. (*A* MME. DARVILLE.) Ah ! maman, il est temps de nous retirer. Je suis horriblement fatiguée.

MME. DARVILLE.

Oui, mon enfant ; je suis prête. Et Charles ? Le voilà avec Miss Howard. Quelle figure gracieuse elle a cette jeune fille ! Charles, mon fils, je regrette d'interrompre ton agréable entretien, mais ta sœur est souffrante.

M. DE FORLIS.

Je crains que le petit acci-

M. DE PARNES (*to* MARIE).

What is the matter with you, dear child ? Notwithstanding your exquisite dress, you do not look as well as usual.

MARIE.

Yes, uncle. I am not well ; this life of dissipation is exhausting.

M. DE PARNES.

Is it dissipation, also, which brings that tear, my child ?

MARIE.

Perhaps so. (*To* MRS. DARVILLE.) Ah ! mamma, it is time to go. I am so tired.

MRS. DARVILLE.

Yes, darling ; I am ready. Where is Charles ? Here he is with Miss Howard. What a sweet face that young girl has ! Charles, my son, I regret depriving you of your agreeable conversation with this lady, but your sister is not well.

M. DE FORLIS.

I fear the slight accident

dent que mademoiselle a eu ce soir, ne l'ait un peu émue. Permettez-moi de vous offrir mon bras, madame.

which Miss Darville met with this evening, has affected her spirits. Allow me to offer you my arm, madam.

FANNY (*bas à* MARIE).

Marie, Marie, ce secret de l'autre soir.

FANNY (*whispering to* MARIE).

Marie, Marie, tell me that secret you alluded to the other evening.

MARIE.

Je vous le dirai avant longtemps. Bonsoir, chère. (*Tout le monde se retire.*)

MARIE.

I will, before long. Goodevening, dear. (*The company retires.*)

CHAPITRE XXI.

MME. DARVILLE.—MARIE.—SUZETTE. —CHARLES.— GEORGE.— LE GÉNÉRAL BERTRAND.—BONCHAMP.

CHAPTER XXI.

MRS. DARVILLE.—MARIE.—SUZETTE. —CHARLES.—GEORGE.— GENERAL BERTRAND.—BONCHAMP.

MME. DARVILLE.

Ma fille n'est pas rentrée, Suzette ?

MRS. DARVILLE.

Has my daughter come home, Suzette ?

SUZETTE.

Non, madame. Mademoiselle est chez Mme. de Parnes depuis une heure. Il va être quatre heures bientôt.

SUZETTE.

No, ma'am. Miss Marie has been at Mme. de Parnes' since one o'clock. It is now nearly four o'clock.

Mme. Darville.

J'ai promis à sa tante qu'elle passerait une partie de la journée avec elle. Depuis le départ de Mme. de Montreuil, sa mère est si seule et si triste. Et Marguerite Florère, Suzette, vous êtes-vous occupée d'elle?

Mrs. Darville.

I promised her aunt, that she should spend part of the day with her. Since Mme. de Montreuil has left, her mother is so lonely, and so sad. And Margaret Florère, Suzette, have you seen about her?

Suzette.

Oh! oui, madame, et j'ai regretté que vous ne fussiez pas là, pour jouir du bonheur de ces braves gens.

Suzette.

Oh! yes, ma'am, and I regretted your not being present, to enjoy the satisfaction of those good people.

Mme. Darville.

Sont-ils partis ce matin? Avez-vous remis à Marguerite la bourse que je vous avais donnée? et cette lettre pour Clémence?

Mrs. Darville.

Did they start this morning? And did you give Margaret the purse I sent her? and that letter for Clémence?

Suzette.

Oui, madame. J'ai mis les voyageurs dans le wagon. Monsieur Albert est beaucoup mieux! quoiqu'encore bien maigre, et parfois un peu extraordinaire. Par exemple, si l'air de Vogerolles et la bonne chère du château ne l'engraissent pas, la science du docteur n'y fera rien.

Suzette.

Yes, ma'am. I saw the travellers get into the cars. Mr. Albert is much better, although still thin and somewhat odd at times. Well, if the pure air of Vogerolles and the good fare at the chateau do not restore him, all the doctor's science will be of no avail.

Mme. Darville.

J'ai confiance dans les petits moyens. C'est un vrai bonheur de savoir ces pauvres gens à l'abri de la misère. Avez-vous porté aussi les cent francs à la sœur Thérèse pour son école; et ce paquet de vêtements à la femme du porteur d'eau ?

Mrs. Darville.

I have great faith in mild means. It is a real comfort for me to know these poor people are secured against want. Did you take those hundred francs to Sister Theresa for her school; and that parcel of clothes to the wife of the water-carrier ?

Suzette.

Oui, madame; et je dois aller demain porter de l'ouvrage à cette bonne Madame Rabot, qui a été si excellente pour Marguerite. Elle a pleuré à chaudes larmes ce matin, en les quittant. Ah! Seigneur, j'allais oublier que Bonchamp m'a remis tout à l'heure deux billets pour madame.

Suzette.

Yes, ma'am; and to-morrow I will take some work to kind Mrs. Rabot, who has been so devoted to Margaret. She cried bitterly this morning, when they parted. Oh! I was going to forget two notes, which Bonchamp gave me just now for you, ma'am.

Mme. Darville.

C'est bien, mon enfant. Vous pouvez aller attendre ma fille dans ma chambre. Finissez ces deux robes pour la petite du concierge.

Mrs. Darville.

Very well, Suzette. You can go to my room and wait for my daughter. Finish those two dresses for the porter's little girl.

Suzette.

Oui, madame. (*Elle sort.*)

Suzette.

Yes, ma'am. (*She leaves the room.*)

Mme. Darville (*lisant*).

Ah! mon Dieu!—et l'autre. Hélas! je m'y attendais. (*A* Marie *qui entre.*) Ah! mon enfant, te voilà.

Mrs. Darville (*reading the letters.*)

Oh! heavens! — and the other. Alas! I expected this. (*To* Marie *as she enters the room.*) Ah! my daughter, is it you?

Marie.

Oui, chère mère. Je viens de quitter ma pauvre tante; elle a bien pleuré d'abord; elle dit que Laure lui fait faute d'une manière affreuse. La maison est vide sans elle; et cependant ma tante se plaint de sa fille, de sa raideur, de son indifférence. C'est une singulière nature que la sienne! mais elle a bien bon cœur. Elle m'a comblée de caresses. J'ai promis d'aller la voir demain. Mais, maman, qu'as-tu donc; as-tu reçu quelque mauvaise nouvelle? Je t'ai laissée si contente, tout occupée du bonheur de cette pauvre Marguerite Florère.

Marie.

Yes, mother. I have just left poor aunt. At first she wept a great deal; she says she misses Laura terribly. The house appears empty without her; and, still, aunt complains of her daughter—of her being so cold, so indifferent. What a strange nature hers is! but she has an excellent heart, and overwhelmed me with caresses. I promised to go there to-morrow. But, mother, what is the matter with you; have you received any bad news? I left you in such excellent spirits, full of Margaret Florère's happiness.

Mme. Darville.

Je viens de recevoir deux lettres qui me préoccupent d'une manière pénible. Tiens, voilà un billet de George, dans lequel

Mrs. Darville.

I have just received two letters, which preoccupy me painfully. Here is a note from George, in which he says that he will

il me dit qu'il part ce soir à cinq heures; des affaires importantes le rappellent à Tours; il viendra prendre nos commissions.

leave Paris this evening at five; some business of importance requires his presence at Tours. He will call for our commissions.

MARIE.

Mais pourquoi ce départ si prompt? George n'est plus le même avec nous, maman. Au mariage de Laure, il m'a à peine adressé la parole.

MARIE.

But why this hasty departure? George's feelings towards us are no longer the same, mamma. At Laura's wedding, he scarcely spoke to me.

MME. DARVILLE.

Voici une autre lettre, qui te l'expliquera peut-être. Marie, mon enfant, M. de Forlis te demande en mariage.

MRS. DARVILLE.

Here is another letter, which will perhaps explain his conduct. Marie, my child, M. de Forlis offers himself to you.

MARIE.

Ah! mon Dieu! (*Elle cache sa tête sur l'épaule de sa mère.*)

MARIE.

O heavens! (*She hides her face on her mother's shoulder.*)

MME. DARVILLE.

Pourquoi cette exclamation, qui exprime mal ce que tu éprouves, mon enfant? Ne crains pas de m'affliger, en avouant que ce que tu apprends te fait plaisir. Je ne te cache pas, que mon cœur avait désiré une autre alliance pour toi; mais enfin! j'ai pris toutes les informa-

MRS. DARVILLE.

Why that exclamation, which does not express your true feelings, my daughter? Do not fear to give me pain, by acknowledging that this proposal is agreeable to you. I cannot deny, that my heart had desired another alliance for you; but it matters not! I have made

tions possibles sur M. de Forlis ; il est digne de toi, sous tous les rapports. Sa réputation est parfaite ; sa naissance, son rang... Tu pleures, mon ange, lorsque je donne mon consentement au vœu le plus cher de ton cœur ? Marie, Marie, réponds-moi ; tu me désoles.

all possible inquiries about M. de Forlis ; he is worthy of you in every respect. His reputation is perfect ; his birth, rank... You weep, darling, when I consent to your realizing 'your fondest wish. Marie, Marie, answer me ; you grieve me, dearest.

MARIE.

Oh ! maman, je suis si coupable, si coupable ; je vous ai trompée ; j'ai trompé George ; et Grand Dieu ! je me trompais moi-même.

MARIE.

Oh ! mother, I am so guilty, so very guilty. I have deceived you ; I have deceived George ; and, alas ! I was deceiving myself.

MME. DARVILLE.

Je ne te comprends pas, mon enfant. Tu n'as trompé personne ; nous nous attendions tous à ce qui arrive. Allons, sèche tes larmes ; je vais répondre à M. de Forlis que sa demande nous honore, et que ...

MRS. DARVILLE.

I do not understand you. You have deceived no one ; we all expected this. Come, dry up your tears ; I will write to M. de Forlis, that we feel honored by his offer, and that ...

MARIE (*vivement*).

Maman, maman ! vous si tendre et si bonne, vous paraissez jouir de mes angoisses. Ce n'est pas lui ; ce n'est pas M. de Forlis que j'aime ; c'est—c'est—George.

MARIE (*hastily*).

Mother, mother ! you who are always so kind, so affectionate, you seem to enjoy torturing me. It is not him ; it is not M. de Forlis whom I love ; it is—it is—George.

Mme. Darville (*avec émotion*).

Explique-toi, ma fille, car je n'y comprends plus rien. Depuis quinze jours, tu reçois les attentions de M. de Forlis, et c'est à peine si tu as témoigné de l'amitié à George ; et au moment où le marquis te demande ta main, tu me dis que tu aimes M. Dalbret !

Marie (*rougissant*).

Oh ! ma mère, Dieu seul, peut connaître ce qui se passe en moi, depuis quelque temps ; entre mon cœur et cette terrible ambition qui me dévore. Le cœur était vaincu ; j'avais renoncé au rêve de ma jeunesse ; lorsque, l'autre soir, chez ma tante, un mot de George—mot d'une amertume, d'une sévérité affreuse—m'a fait rentrer en moi-même. C'est Dieu, c'est le ciel, qui m'a sauvée ! J'allais renoncer à l'affection de mon enfance, de toute mon existence ; j'allais le sacrifier à un rêve d'ambition et d'orgueil. Mais George—pourra-t-il jamais me pardonner ma conduite ? Oh ! mon Dieu, comme je suis

Mrs. Darville (*with emotion*).

Do explain all this to me, my child, I cannot understand it. For the last two weeks, you have been receiving the attentions of M. de Forlis, and have scarcely shown any friendship for George ; and now, when the marquis offers himself, you tell me that you love Mr. Dalbret !

Marie (*blushing*).

Oh ! mother, God alone, knows the struggle which has taken place in my inward self for some time past ; between my heart and that terrific ambition which consumed me. The heart was conquered ; I had given up the dream of my youth ; when, a few nights ago at my aunt's, one word spoken by George—a word full of bitterness and awful severity—recalled me to my former self. It was Providence, my Heavenly Father, who saved me ! I was going to renounce the true love of my childhood, of my whole life. I was going to sacrifice it to pride and ambition. But will George ever forgive me ? Oh !

malheureuse! (*Elle cache sa tête dans ses mains et recommence à pleurer.*)

how wretched I am! (*She hides her face in her hands and sobs.*)

MME. DARVILLE.

Singulier destin!

MRS. DARVILLE.

Strange indeed!

BONCHAMP (*annonçant*).

Monsieur Dalbret.

BONCHAMP (*announcing*).

Mr. Dalbret.

MME. DARVILLE.

Ah! George, vous arrivez bien à propos.

MRS. DARVILLE.

Ah! George, you have come just in time.

GEORGE (*tristement*).

Je viens vous faire mes adieux, madame, et prendre vos commissions pour Tours. Mais vous pleurez, Mademoiselle Marie! Que signifient ces larmes? Vous est-il arrivé quelque malheur, madame?

GEORGE (*sadly*).

I come to bid you farewell, and take charge of your commissions for Tours. What! weeping, Miss Marie? What can have caused those tears? Have you met with any misfortune, dear madam?

MME. DARVILLE.

Vous allez en juger. D'abord, permettez-moi de vous annoncer, comme à un de nos meilleurs amis, le mariage de ma fille.

MRS. DARVILLE.

You will judge of that yourself. First, as you are one of our best friends, allow me to announce to you my daughter's engagement.

GEORGE (*avec émotion*).

Vraiment, madame! Recevez toutes mes félicitations.

GEORGE (*with emotion*).

Indeed! Receive my congratulations. Miss Darville is

Mademoiselle connaît trop mes sentiments dévoués pour ne pas croire que je serai toujours heureux de ce qui peut contribuer à son bonheur.

too well aware of my devotion towards her, to doubt the sincere interest which I take in all that can contribute to her happiness.

Mme. Darville (*souriant*).

Il me semble que vous n'êtes guère curieux, George ; car vous ne m'avez pas permis d'achever ma phrase. J'allais vous dire que j'avais le plaisir de vous annoncer le mariage de ma fille—avec—M.—Dalbret.

Mrs. Darville (*smiling*).

Methinks, George, you have very little curiosity ; you did not even allow me to finish my sentence. I was going to say, that I had the pleasure of announcing to you, my daughter's engagement—with—Mr.—Dalbret.

George (*pâlissant*).

Quelle cruelle plaisanterie, madame ! Car malgré mon silence, vous avez dû voir combien Marie m'était chère. Il eût été plus généreux à vous, madame, de m'annoncer son mariage avec M. de Forlis, lorsque je vous aurais quittée. Loin de tout cet entourage, qui m'est si précieux, j'aurais eu la force de recevoir une pareille nouvelle.

George (*turning pale*).

How cruel in you, madam, to trifle thus with my feelings ! Notwithstanding my silence, you must have known how dear Marie was to me. It would have been kinder on your part, to have announced her engagement with M. de Forlis, when I had left you. Away from you all, whom I love so dearly, I could have heard this piece of intelligence with fortitude.

Mme. Darville (*riant*).

Allons, nous ne sortons pas des miracles. George, mon

Mrs. Darville (*laughing*).

Well! wonders will never cease. George, my friend, my

ami, mon fils, je ne vous trompe nullement. A moins que vous n'ayez une autre affection, Marie vous offre son cœur et sa main. Allons, mon enfant, dis-le-lui toi-même; il est d'une incrédulité désespérante.

son, I do not deceive you. If your affections are not engaged, Marie offers you her heart and hand. Come, my darling, do tell him yourself; he is so distressingly skeptical.

GEORGE. (*Il regarde* MARIE *avec incertitude, un mélange d'espoir et de crainte.*)

Marie, est-ce un rêve? Répondez-moi, de grâce. Votre mère ne me trompe-t-elle pas? Un bonheur semblable m'est-il réservé?

GEORGE. (*He looks at* MARIE *with hesitation, and mingled hope and fear.*)

Marie, is it a dream? Answer me, pray. Does not your mother deceive me? Can so much happiness be in store for me?

MARIE (*levant la tête et souriant, les larmes aux yeux*).

Oui, George, c'est vrai; je n'ai jamais aimé que vous. Un instant, l'orgueil vous a disputé mon cœur; mais il vous a toujours appartenu; rien n'aurait pu vous le ravir.

MARIE (*looks up and smiles through her tears*).

Yes, George, it is all true; you have ever been my only love. For an instant, pride struggled to win my heart; but it was yours; no earthly power could steal it from you.

CHARLES (*entrant*).

Tiens, tiens, qu'est-ce qui se passe ici? des larmes—une grande joie—ma mère embrassant sa fille—George ayant l'air si heureux. Ah! j'entends, je comprends. (*Serrant la main*

CHARLES (*entering the room*).

Well, well, what is going on here? Tears—a great joy— mother kissing her daughter— George looking so happy. Ah! I see, I understand. (*Shaking* GEORGE's *hand.*) George,

de GEORGE.) Mon frère, c'est à la vie à la mort. (*Il embrasse sa sœur.*) Marie, tu me seras doublement chère, étant la femme de mon meilleur ami. Eh bien! me voilà content. Et le général? vilains égoïstes que vous êtes! personne ne pense à ce pauvre vieillard, qui va mourir de joie, bien certainement.

yours unto life and death. (*He kisses his sister.*) Marie, you will become doubly dear to me, being the wife of my best friend. Well, now I am satisfied. And the general? Naughty selfish ones, no one thinks of the poor old man, who will surely die of joy.

MME. DARVILLE.

J'attends le général à dîner; il ne peut tarder à venir. George, vous ne partirez pas ce soir?

MRS. DARVILLE.

I expect the general to dinner; he will soon be here. George, you will not go tonight?

GEORGE.

Cela me serait impossible, madame.

GEORGE.

That would be impossible, dear madam.

MARIE.

Je vais réparer le désordre de ma toilette, en attendant le dîner. (*Se regardant à la glace.*) Oh! comme je suis coiffée!

MARIE.

I must repair the disasters of my toilet, while dinner is getting ready. (*She looks in the glass.*) Oh! what a head-dress!

CHARLES.

Cela ne t'empêche pas d'être la plus jolie et la plus aimée des femmes—après maman cependant. N'est-ce pas, George?

CHARLES.

That does not prevent your being the prettiest and dearest of women—excepting, mamma, I mean. Is it not so, George?

MARIE (*se sauvant*).

Je connais la réponse de George.

CHARLES.

Marie, Marie, tu as peur de rougir.

BONCHAMP (*annonçant*).

Le Général Bertrand.

LE GÉNÉRAL BERTRAND (*tristement*).

Il fait un froid de loup! je suis gelé. Quel vilain endroit que ce Paris! Ah! pardon, madame. Comment supportez-vous ce temps affreux? Tiens, George, te voilà encore ici? Je te croyais depuis une demi-heure sur la route de Tours.

GEORGE.

J'ai renoncé à mon projet pour aujourd'hui; je n'ai pu refuser l'invitation de Mme. Darville à dîner; je savais que vous deviez vous trouver ici à six heures.

LE GÉNÉRAL BERTRAND. (*Il se met dans un fauteuil au coin du feu.*)

Cependant, mon ami, tu m'a-

MARIE (*running off*).

I know George's answer.

CHARLES.

Marie, Marie, you are afraid of blushing.

BONCHAMP (*announcing*).

General Bertrand.

GENERAL BERTRAND (*sadly*).

It is awfully cold! I am frozen. What a horrid place this Paris is! Ah! excuse me, madam. How do you bear this disagreeable weather? What, George, you still here? I thought you had been, for the last half hour, on the road to Tours.

GEORGE.

I have given up going to-day; I could not refuse Mrs. Darville's invitation to dine with her, and I knew you would be here at six o'clock.

GENERAL BERTRAND. (*He takes an armchair, near the fire.*)

But, George, you had told

vais dit que des affaires importantes te rappelaient à Tours. Comment se fait-il ?

me, that important business required your presence in Tours. How is it ?

CHARLES.

Bonsoir, général ; vous n'avez pas daigné faire attention à moi.

Good-evening, general ; you have not deigned to honor me with your notice.

LE GÉNÉRAL BERTRAND.

Pardon, Charles. J'étais préoccupé ; je suis vexé, ennuyé. Mon tailleur m'a fait un habit trop serré ; mon bottier est d'une inexactitude : enfin tout me tourmente dans ce Paris. Il faut que je m'en aille, j'en suis malade.

Excuse me, Charles. I was preoccupied. I am worried, annoyed. My tailor has made me a coat which is too tight ; my boot-maker is never punctual : in short, every thing annoys me in Paris. I must go home, I am sick of it.

MME. DARVILLE.

Vraiment, général ? Je suis désolée de cela ; car j'espérais vous faire plaisir ce soir, en vous annonçant une bonne nouvelle.

Indeed, general ? I am sorry to hear it ; for I was in hopes to give you some pleasure this evening, by announcing a good piece of news to you.

LE GÉNÉRAL BERTRAND.

A moi, madame ? Je suis fatigué de nouvelles. Pardon, si je suis un peu vif, mais le fait est que—que—

To me, ma'am ? I am tired of news. Excuse my being so quick, but the fact is that— that—

CHARLES.

Allons, général ; c'est assez longtemps vous tourmenter.

Come, come, general ; we have worried you long enough.

George, annonce donc la nouvelle à ton oncle. Tu n'oses pas ? Eh bien ! général ; votre petite amie, Marie Darville, doit épouser dans deux mois, au château de Vogerolles, un charmant garçon—qui ne vous est pas inconnu.

George, do tell your uncle the news. You dare not ? Well, general ; your little friend, Marie Darville, is going to marry in two months, at the chateau de Vogerolles, a fine fellow—who is not unknown to you.

LE GÉNÉRAL BERTRAND (*se levant précipitamment*).

Quoi ! quoi ! que dites-vous là ? déjà fait ? Ah ! Seigneur ! je m'en doutais. J'avais un pressentiment de malheur en venant ici.

GENERAL BERTRAND (*rising hastily*).

What ! what do you mean ? already arranged ? Oh ! I suspected it. As I was coming here, I felt a presentiment of evil.

CHARLES.

Eh bien ! général ; votre pressentiment vous a trompé ; car c'est le bonheur le plus gracieux, la plus charmante de toutes les félicités, qui vous tend les bras.

CHARLES.

Well, general ; your presentiment has deceived you. It is the most joyful, the most agreeable of all happy tidings, that awaits you.

GEORGE.

Oui, mon oncle. Marie est à moi—ma femme—votre nièce.

GEORGE.

Yes, uncle. Marie is mine—my wife—your niece.

LE GÉNÉRAL BERTRAND.

Allons, voyons ; suis-je fou ? Vous moquez-vous de moi ? Madame Darville, vous la bonté-même, prenez pitié de moi.

GENERAL BERTRAND.

What ! am I deranged ? Are you trifling with me ? Mrs. Darville, you, who are kindness itself, do take pity on me.

MARIE (*se jetant dans les bras du vieillard*).

Mon oncle ! mon ami !

MARIE (*throwing herself into the old gentleman's arms*).

Uncle ! dear friend !

LE GÉNÉRAL BERTRAND.

Ah ! Heureusement que la joie ne tue pas.

GENERAL BERTRAND.

Ah ! Fortunately, one cannot die of joy.

CHAPITRE XXII.

LE CHÂTEAU DE VOGEROLLES.

(*C'est un château, style Louis XIV, situé sur un plateau qui domine la vallée de * * *. Un parc à l'anglaise, des jardins magnifiques, entourent cette résidence. Tout est tenu avec un soin extrême.*)

CHAPTER XXII.

THE CHATEAU DE VOGEROLLES.

(*It is a castle, in the Louis XIV. style, situated on an eminence, which commands a view of the valley of * * *. An English park and splendid grounds surround this residence. Every thing is kept in the highest order.*)

SUZETTE.—MARGUERITE.

(*Un petit salon meublé avec élégance ; de grandes fenêtres descendant jusqu'à terre, s'ouvrent sur une terrasse, d'où l'on aperçoit la grande avenue du château. Sur une table, beaucoup d'objets d'art; près de là, un petit meuble*

SUZETTE.—MARGARET.

(*A small parlor, elegantly furnished ; large windows, extending to the floor, open upon a terrace, from which may be seen the principal avenue leading to the castle. Upon a table, are various works of art ; near them,*

en Boule contenant des dentelles, cachemires, bijoux, velours, etc., etc., la corbeille de Mademoiselle Darville.)

stands a small cabinet in Boule containing laces, cashmeres, jewels, velvet, etc., etc., Miss Darville's wedding-gifts.)

Suzette.

Oui, Madame Marguerite, c'est une vraie joie pour moi, de me retrouver à Vogerolles. Depuis huit jours, que nous sommes de retour, je ne me lasse pas de me réjouir. Et vous? Il me semble que vous avez bien profité du bon air, du repos, de ce délicieux endroit; vous avez rajeuni de dix ans.

Suzette.

Yes, Mrs. Margaret, I am truly rejoiced to get back to Vogerolles. We have been here a week, and I have not ceased to congratulate myself. And you? Methinks you have derived considerable benefit from the good air and quietude of this sweet spot; you really look ten years younger.

Marguerite.

Le bonheur est le meilleur de tous les médecins, ma petite Suzette. Depuis que mon fils se porte bien et qu'il a une occupation honorable, il me semble en effet que j'ai vingt ans.

Margaret.

Happiness is the best physician, Suzette. Since my son has been well and has found an honorable occupation, I feel indeed as though I had returned to the days of my youth.

Suzette.

Madame m'a dit, que M. Taurin avait déclaré que votre fils aurait la poitrine attaquée, s'il persistait à cultiver la peinture; et alors M. George, qui est la bonté-même, lui a trouvé

Suzette.

I heard from madame, that Mr. Taurin had said your son would become consumptive, if he continued to paint; and then Mr. George, who is kindness personified, procured a sit-

une place de commis à Tours.
Vous voilà tout près de lui et
pour longtemps, car madame
n'est pas de celles qui aiment
à changer, et on n'a jamais envie de quitter cette chère maîtresse.

MARGUERITE.

Oh ! je m'estimerais bien
heureuse, si je pouvais la servir
toujours sans rémunération ;
car je lui dois tout : la santé,
la vie de mon fils. Dieu se
chargera, j'espère, d'acquitter
ma dette. Mais depuis votre
arrivée, mon enfant, vous avez
eu tant à faire ici, tant de
monde à voir au village, que
c'est à peine si j'ai pu causer
un peu avec vous. Dites-moi,
comment avez-vous passé votre
temps à Paris depuis mon départ ? car vous y êtes restée six
semaines après moi.

SUZETTE.

Oh ! assez tranquillement.
Vous savez que je vous parlais
souvent de Mademoiselle Marie ; je vous disais combien elle
était changée, triste, morose ;
elle, toujours gaie comme pin-
son. Eh bien ! depuis le jour

uation for him as clerk at Tours.
Now you are living near him,
and for some time probably,
for madame is not of the change-
able kind, and one never feels
like leaving that good mistress.

MARGARET.

Oh ! I would consider my-
self fortunate, if I could wait
upon her for ever without
remuneration, for I owe her
every blessing I enjoy : the
health, the life of my boy. God,
I trust, will acquit my debt of
gratitude. But since your arrival here, dear child, you have
had so much to do, so many
persons to see in the village,
that I have scarcely been able
to have a chat with you. Tell
me how you spent your time
in Paris after I left, for you
were there six weeks.

SUZETTE.

Well, rather quietly. You
know, I often told you about
Miss Marie's being so altered, so
sad and dull ; she whom I had always seen as lively as a cricket.
Well, since the day you left,
she seemed to recover her spir-

de votre départ, elle est redevenue toute joyeuse, sortant tous les jours avec madame, M. Charles, M. George ; je ne savais comment expliquer cet heureux changement. Enfin, il y a quinze jours à peu près, madame m'a dit que mademoiselle allait épouser M. Dalbret. Rien ne pouvait me faire plus de plaisir, comme vous pouvez le croire ; mais il paraît que tout le monde ne pensait pas comme moi. Ce jour-là, madame m'envoya porter un billet à Mme. de Parnes. J'arrive à l'hôtel, Justine me fait monter au boudoir de madame. Elle faisait de la tapisserie ; Mme. de Montreuil, étendue sur une causeuse, tenait un livre en bâillant. Je remets mon billet et j'attends une réponse. Mme. de Parnes ouvre le billet et s'écrie : " Est-il possible ! Ma sœur est folle décidément ! Refuser le Marquis de Forlis il y a un mois, pour donner sa fille à un pauvre avocat de Tours !" Je n'en entendis pas davantage, pensant bien que la noble dame en avait déjà beaucoup trop dit devant moi. Bref, je crois qu'il y a eu

its, and went out constantly with madame, Mr. Charles, Mr. George ; I could not account for this happy change. At last, about two weeks ago, madame told me that Miss Marie was going to marry Mr. Dalbret. Nothing could have given me more pleasure, as you may suppose ; but it appears that the satisfaction I felt, was not general. That very day, madame sent me with a note to Mme. de Parnes. When I arrived at the hotel, Justine took me into madame's boudoir. She was embroidering ; Mme. de Montreuil was lounging on a sofa, holding a book and gaping. I delivered the note, and waited for an answer. Mme. de Parnes opened it and exclaimed : " Is it possible ! My sister must be demented ! What ! reject the offer of the Marquis de Forlis a month ago, to give her daughter to a penniless lawyer from Tours !" I did not stay to hear any more, supposing that the noble lady had already spoken her mind too plainly before me. Finally, I believe there was a coolness between the two families for some time ;

10*

brouille entre les deux familles, pendant quelque temps ; car madame fut bien triste, mademoiselle en pleura, et on n'alla plus à l'hôtel de Parnes. Enfin, il y a huit jours, tout cela s'arrangea je pense, car on attend aujourd'hui ces dames, ainsi que la famille Dorimont et Mme. de Brevannes. Tous les appartements sont prets, et mademoiselle se marie demain. J'en suis d'une joie !

madame appeared quite unhappy, Miss Marie cried about it, and there was no more visiting at the Hotel de Parnes. At last, about a week ago, I suppose it was all arranged ; for those ladies, the Dorimont family, and Mme. de Brevannes are expected to-day. All the rooms are ready for them, and Miss Marie is to be married to-morrow. I am so delighted !

MARGUERITE.

Suzette, vous avez prononcé tout à l'heure un nom qui me rappelle des souvenirs bien amers. Oh ! mon Dieu, que je vous remercie ! Car cette femme hautaine et cruelle qui m'a chassée de chez elle, après dix ans de service, c'était la Marquise de Forlis. Quelle bénédiction, que notre jeune maîtresse ne soit pas tombée sous cette influence de malheur. M. Gustave est meilleur que sa mère ; il a même bon cœur ; mais il est d'une extravagance, d'une dissipation effrayante ! La dot de Mademoiselle Marie eût été engloutie bien promptement dans ce gouffre avide.

MARGARET.

Suzette, you mentioned just now a name, which recalls bitter recollections to my mind. O Lord, I thank thee ! For that haughty and cruel woman who drove me away, after I had devoted ten years of my life to her service, was the Marchioness de Forlis. What a blessing, that our young lady should have been spared that evil influence ! Mr. Gustave is kinder than his mother ; I even believe he has a heart : but he is so extravagant, so awfully dissipated ! Miss Darville's dower would soon have been squandered. But, Suzette, promise me that you never will re-

Mais, Suzette, promettez-moi de ne jamais répéter un mot de ce que je viens de vous dire. J'aurais dû me taire, refouler au fond de mon cœur le sentiment d'amertume, que j'éprouve au souvenir de Mme. de Forlis; mais je n'ai pu maîtriser une sensation indicible de reconnaissance, en pensant que Mademoiselle Darville avait échappé à un si grand malheur.

peat one word of what I have just said. I should not have spoken of this, I should have concealed in the depths of my heart, the bitterness which the memory of Mme. de Forlis calls forth. But I could not refrain from expressing the infinite gratitude which I feel at the thought of Miss Darville's happy escape.

Suzette.

Soyez tranquille, Madame Marguerite; je suivrai vos conseils comme je suis ceux de madame, comme je suivrais ceux d'une mère. Avez-vous vu la corbeille de mademoiselle? les magnifiques cadeaux arrivés hier de Paris? Tenez, voyez comme c'est beau! Et dire, que l'on attache si peu d'importance à ces belles choses! Savez-vous où est allée, celle à qui toutes ces merveilles sont destinées?

Suzette.

You can trust me, Mrs. Margaret; I will follow your advice, as I would follow that of our dear lady, of my own mother. Have you seen Miss Marie's wedding presents; the beautiful things arrived yesterday from Paris? Do look how magnificent they are! Can you imagine, that one should be so indifferent to all these wonderful things? Do you know where the person they are intended for has gone?

Marguerite.

Non; mais j'ai vu mademoiselle sortir avec M. George, il y a une heure.

Margaret.

No; but I saw Miss Marie go out, about an hour ago, with Mr. George.

SUZETTE.

Eh bien! vous connaissez la mère Claudine, la pauvre paralytique, qui habite cette petite chaumière à l'entrée du village? Elle a été pendant longtemps la bonne de Mademoiselle Marie, qui a conservé pour elle beaucoup d'affection. Voilà qu'hier, Claudine fait demander à madame de lui permettre de voir M. George, avant son mariage, comme elle ne pouvait venir à la noce; de sorte que ce matin, après déjeuner, mademoiselle, accompagnée de son fiancé, est allée faire une visite à la vieille Claudine, au lieu d'examiner ses cadeaux. Tenez, les voilà justement qui reviennent là-bas, au bout de l'avenue. Attendez-vous votre fils aujourd'hui, Madame Marguerite?

SUZETTE.

Well! you know old Claudine, that poor paralytic woman, who lives in the little cottage at the entrance of the village? For many years she nursed Miss Marie, who has always been very fond of her. Yesterday, Claudine sent a message to madame, requesting that she might be allowed to see Mr. George, before the wedding, as she could not be present at it. So that this morning, after breakfast, Miss Marie started off with Mr. Dalbret, to visit old Claudine, instead of examining all her beautiful presents. Look, here they are, coming up the avenue. Do you expect your son to-day, Mrs. Margaret?

MARGUERITE.

Oui, oui. M. Dalbret a demandé un congé de deux jours pour lui. Quel bonheur d'embrasser ce cher enfant! Tenez, Suzette, voilà la sonnette de madame. Je vais donner du linge d'office à Bonchamp. (*Elles sortent.*)

MARGARET.

Yes. Mr. Dalbret has obtained a leave of absence, of two days, for him. How delighted I shall be to see the dear boy! Suzette, I hear madame's bell. I will go and give Bonchamp the house-linen. (*They leave the room.*)

Marie. — George. — (*ensuite* Mme. Darville.—Charles.—Bonchamp).

Marie. — George. — (*subsequently* Mrs. Darville.—Charles.—Bonchamp).

Marie.

Il est inutile, mon ami, que je vous remercie d'avoir bien voulu m'accompagner ce matin. La satisfaction que vous a témoignée cette pauvre affligée, a dû suffisamment vous récompenser.

Marie.

I need not thank you, George, for having accompanied me this morning. The heartfelt joy, which that poor creature expressed to you, must have rewarded you sufficiently.

George.

Une mission de charité, sous l'égide de votre affection, Marie, ne pouvait que me faire un plaisir extrême.

George.

A charitable mission, inspired by your affection, Marie, could but afford me true pleasure.

Marie.

Je le crois, et je remercie le ciel, de trouver en l'ami de mon enfance, de ma vie entière, cette sympathique charité, sans laquelle pour moi, l'existence aurait bien moins de charmes. Je n'ai jamais compris le bonheur qu'on ne pouvait faire partager aux autres. De tous les héritages que je tiens de ma bonne mère, ce sentiment est celui que j'apprécie le plus.

Marie.

I believe you, and feel grateful to Divine Providence, for that sympathetic charity, which I find in the friend of my childhood; nay, of my whole life, and without which, I should be deprived of so much real satisfaction. I never could appreciate the joys which others could not partake of. Of all my dear mother has bequeathed to me, this feeling is what I most value.

GEORGE.

Oui; j'ai été vraiment heureux ce matin, non-seulement pendant notre visite chez Claudine, mais aussi en rencontrant cette troupe de jeunes filles que promenait la sœur Thérèse. La fondation de cette école est une des belles œuvres de Mme. Darville.

MARIE. (*Elle s'assied sur la causeuse.*)

George, arrêtons-nous un instant ici; car dans une heure, nos amis de Paris arriveront, et ensuite, je n'aurai pas un moment à moi, jusqu'après la grande cérémonie de demain. Voyez, mon ami, comme la nature est belle; comme ce soleil du printemps prête de charmes à ces mille fleurs qui nous entourent; et là-bas, remarquez-vous sous ces grands maronniers, l'ombre qui s'étend au loin? George, notre existence d'aujourd'hui est éclairée par le soleil du bonheur le plus calme, le plus pur, que mortel puisse goûter. Mais il ne luira pas toujours, hélas! Le chagrin—l'ombre de la vie—vien-

GEORGE.

Yes; I was really happy this morning; not only during our visit to Claudine, but also when we met that merry set of girls, who were walking with good Sister Theresa. The endowment of that school, is among the noblest of Mrs. Darville's charities.

MARIE. (*She sits down on a sofa.*)

George, let us linger here a few moments. In an hour, our Paris friends will arrive, and after that, I shall not have one spare moment until the grand ceremony takes place. See, George, how beautiful nature appears; how many charms are added to the flowers around us, by the reflection of the sun; and over there, do you notice how far the shade extends beneath those tall chestnut-trees? George, our life to-day is beaming with the glorious rays of true happiness; so pure, so calm, that man knows none beyond it. But, alas! those rays of joy will not always shine upon us! Grief, that dismal

dra bien sûr faire fond au tableau ; et alors, renoncerons-nous à l'espoir qui remplit notre âme aujourd'hui ? Non, mon ami, il faut une ombre à l'existence ; sans elle, le ciel nous serait interdit. L'âme doit se purifier au creuset de l'épreuve, pour mériter cette divine récompense que le Sauveur nous a conquise. George, je vois une larme—et un sourire. Ma perspicacité de femme, de femme qui aime, peut vous expliquer ce qui produit cette larme et ce sourire. Vous comprenez, vous sentez ce que je viens de vous dire, mais ma jeunesse, mon inexpérience, appuient mal mes paroles. Je n'ai pas éprouvé le malheur, mais mon âme sensible a toujours pris une part bien vive à celui de mes semblables. Mon éducation, dirigée par la meilleure des mères, eût été bien incomplète, si elle ne m'avait enseignée à apprécier le bonheur, et à ne pas fuir le chagrin.

cloud of our fate, will one day darken the picture ; and then, shall we give up the hope which now fills our hearts? No, no, dearest, there must be a dark shade in our life ; without it, Heaven would be closed against us. Our souls must be purified by trial, to be worthy of that holy reward which the Saviour has won for us. George, I see a tear—and a smile. With woman's usual penetration, rendered more keen by affection, I can easily account for both smile and tear. You feel the truth of what I have just said, but my youth and inexperience belie my words. I have never known sorrow myself, but my sensitive heart has always shared the sufferings of my fellow-beings. My education, directed by the best of mothers, would have been very imperfect, had it not prepared me for the enjoyment of happiness, and the endurance of pain

George.

Vous êtes un ange, Marie ; sous votre influence, je vais devenir bien pieux, bien bon.

George.

You are an angel, Marie ; through your influence, I shall become very pious, very good.

MARIE (*riant*).

Il n'y a pas beaucoup à faire, monsieur. Ah ! j'oubliais de vous dire que maman attend positivement Mme. de Brevannes et Fanny. Ce pauvre Charles va être bien heureux ! Maman m'a confié, qu'il était convenu entre elle et Mme. de Brevannes, que le mariage se ferait dans deux ans ; ils sont tous les deux si jeunes ! Je suis toute disposée à accueillir avec tendresse, cette gentille petite sœur qui nous vient de si loin—au-delà du grand océan —si bonne, si gracieuse ! Mais voyez comme je suis ingrate ; j'allais oublier de vous remercier, monsieur l'extravagant, pour toutes ces belles choses. J'avoue que j'en suis médiocrement satisfaite.

GEORGE.

Pourquoi ? C'est cependant Mme. Beaufort, qui a bien bon goût, qui a choisi tout cela ; et c'est mon oncle qui vous en donne la moitié.

MARIE.

Ce bon général ! Oui, c'est

MARIE (*laughing*).

There is very little room for improvement, sir. Ah ! I had forgotten to tell you, that mamma positively expects Mme. de Brevannes and Fanny. How delighted Charles will be ! Mamma told me that she and Mme. de Brevannes, had concluded that the marriage might take place in two years ; they are both so young ! I am quite ready to receive and love that sweet little sister, who comes to us from so far—beyond the great ocean—so good and so gracious ! But how ungrateful I am ; it did not even occur to me to thank you, extravagant gentleman, for all these beautiful things. I must confess, that I am not exactly pleased.

GEORGE.

Why so ? They were selected by Mrs. Beaufort, who is a good judge of those matters ; and half of them are presented to you by uncle.

MARIE.

How kind the general is !

très beau, c'est magnifique; mais me fallait-il tout ce luxe pour me prouver votre amour? George, votre fortune n'est pas considérable; cette corbeille est déraisonnablement belle.

Yes, all this is beautiful, magnificent; but was this luxury essential to prove your love? Your means are very moderate, these gifts are entirely too fine.

GEORGE.

Cette fois, je prouverai à mon amie, qu'elle a tort. Nos actions ne doivent pas être faites seulement pour ceux que nous aimons, elles appartiennent au public. D'abord, je n'ai pas fait d'extravagances; ensuite, ne fallait-il pas que Mademoiselle Darville, la riche héritière, reçut de son fiancé un cadeau digne d'elle? Afin que le monde, dont la malice est toujours en action, ne critiquât pas son alliance avec le pauvre George Dalbret!

GEORGE.

This time I can prove to my sweet friend, that she is wrong. Our actions should not be performed merely for the sake of those we love; they belong to the public. I have not been extravagant, Marie; besides, was it not essential that Miss Darville, the wealthy heiress, should receive an offering worthy of her? So that the world, whose malicious voice is ever ready, might not criticise her alliance with George Dalbret, the poor lawyer!

MARIE.

Vous avez raison, mon ami; toujours raison; mais le monde n'a pas le sens commun.

MARIE.

You are right, George; always right; but the world is very silly.

GEORGE.

Je ne l'aime pas assez pour le défendre.

GEORGE.

I am not sufficiently fond of it, to take its part.

MARIE (*regardant par la fenêtre*).

Tenez, voici Albert Florère. Comme il a l'air content!

MARIE. (*She looks out of the window.*)

See, here is Albert Florère. How happy he looks!

MME. DARVILLE.

Ah! vous voilà, mes enfants; il me semble que vous êtes restés bien longtemps au village.

MRS. DARVILLE.

Here you are, my children; I thought you had been a long time at the village.

GEORGE.

Oh! madame, nous sommes de retour depuis une demi-heure. Marie a eu le temps de me faire un sermon en trois points.

GEORGE.

Oh! dear madam, we returned half-an-hour ago. Marie has already favored me with a sermon in three parts.

MARIE.

Voyez donc l'ingrat! C'est bon, monsieur, je ne vous confierai plus mes pensées poétiques.

MARIE.

How ungrateful! Well, sir, in future I will not confide my poetical dreams to you.

GEORGE.

Vous voudriez donc qu'il n'y eût que de l'ombre au tableau de ma vie?

GEORGE.

Would you condemn me to everlasting gloom?

MME. DARVILLE.

Marie, as-tu examiné toutes ces merveilles de l'art? Cette pendule, ces coupes en vieux Sèvres; cadeaux de M. de Montreuil?

MRS. DARVILLE.

Marie, have you examined all these works of art? This clock and vases of old Sevres porcelain, which M. de Montreuil has given you?

MARIE.

Ce bon Alfred! J'ai une grande amitié pour lui, quoiqu'il me garde toujours un peu de rancune.

MARIE.

How kind in Alfred! I am sincerely attached to him, although he still entertains a little ill-will towards me.

MME. DARVILLE.

Et ce délicieux petit meuble, souvenir de Mme. de Brevannes? Tu dois être fière de toutes ces attentions, mon enfant. Mais il me semble, qu'il manque à cette collection un objet bien essentiel : Charles ne t'a pas encore fait son cadeau. Le voici, il pourra nous expliquer ce mystère.

MRS. DARVILLE.

And this exquisite little piece of furniture, a gift from Mme. de Brevannes. You should be gratified, by all these testimonies of regard, dear child. But there is an essential article missing here : Charles has not yet made you his present. Here he is, ready to explain this mystery.

CHARLES (*à deux domestiques qui apportent un tableau couvert d'une toile*).

Doucement, doucement; là, là; posez-le ici. Marie, voici mon cadeau de noce; ma sœur chérie, puisse-t-il te rappeler toujours, une des plus belles actions de ta vie.

CHARLES. (*He directs two servants, who are carrying a painting covered with a cloth.*)

Softly, softly; there, there; put it down here. Marie, this is my wedding-gift to you. May it, dearest, ever recall one of the noblest actions of your life.

MARIE. (*Elle court au tableau, lève le voile, fait une exclamation de joie et se jette dans les bras de son frère.*)

MARIE. (*She runs to the painting, raises the cloth, utters an exclamation of joy, and throws herself into her brother's arms.*)

Charles, mon frère, tu m'as devinée; tu ne pouvais rien me donner qui me fît autant de plaisir.

Charles, dearest brother, you have anticipated my fondest wish; nothing could have been more agreeable to me.

GEORGE (*découvrant le tableau*).

GEORGE (*uncovering the painting*).

L'Ange Gardien! Merci, Charles; je prends ma part du cadeau.

The Guardian Angel! A thousand thanks, Charles; I take my share of the gift.

MME. DARVILLE.

Nous en jouirons tous.

MRS. DARVILLE.

We will all enjoy it.

BONCHAMP.

Les voitures, que madame avait envoyées à la station, arrivent par l'avenue.

BONCHAMP.

The carriages, which were sent to the depot, are coming up the avenue.

MME. DARVILLE.

Ce sont nos amis de Paris; allons les recevoir, mes enfants.

MRS. DARVILLE.

Our Paris friends have arrived; let us go and receive them, my children.

# CHAPITRE XXIII.	# CHAPTER XXIII.

<table>
<tr><td>

CHAPITRE XXIII.

Le Petit Salon.

—

Fanny. —Coralie.—Berthe.— Ed-
mond.

—

(Fanny *et* Coralie *sont assises
sur une causeuse.* Berthe
et Edmond *jouent aux vo-
lants.*)

Coralie.

Quel joli endroit! Comme
on doit être heureux ici!

Fanny.

Il faudrait être bien difficile
pour ne pas s'y plaire. Quelle
charmante soirée nous avons
eue hier! Mme. Darville est
si bonne musicienne; et cette
gentille amie de Marie, Mlle. de
Mésange, quelle admirable voix
elle a.

Edmond.

Elle est très jolie cette petite
personne, parole d'honneur.

</td><td>

CHAPTER XXIII.

The Sitting-room.

—

Fanny.— Coralie.— Bertha— Ed-
mund.

—

(Fanny *and* Coralie *are seat-
ed on a sofa.* Bertha *and*
Edmund *are playing battle-
door and shuttle-cock.*)

Coralie.

What a lovely spot this is!
How happy one must be here!

Fanny.

Yes, indeed; the most fas-
tidious person could not deny
that. And what an agreeable
evening we had yesterday!
Mrs. Darville is such an ex-
cellent musician, and Marie's
charming friend, Mlle. de Mé-
sange, sings so sweetly!

Edmund.

That young girl is quite
pretty, upon my word.

</td></tr>
</table>

BERTHE (*riant*).

Voyez-vous ce bout d'homme, qui remarque les jolies femmes. (*Elle compte.*) Quarante-cinq, quarante-six ; là, là ; encore un peu, et mon volant allait se loger dans la corniche. Allons, monsieur l'admirateur du beau sexe, je suis fatiguée, *exténuée, abîmée,* comme dit Mme. de Montreuil. Ah ! ça, mesdemoiselles, franchement, n'est-elle pas d'une affectation ridicule cette petite comtesse ?

BERTHA (*laughing*).

Just see that mite of a beau, who already notices pretty women. (*She counts.*) Forty-five, forty-six ; there, a little more and my shuttle-cock was lodged in the cornice. Come, young admirer of the fair sex, I am tired, *exhausted, worn out,* as Mme. de Montreuil would say. Now, girls, do tell me, is not that young countess ridiculously affected ?

CORALIE.

Chut ! Berthe, on pourrait t'entendre.

CORALIE.

Hush ! Bertha, you might be overheard.

FANNY.

Berthe a raison.

FANNY.

Bertha is right.

BERTHE (*se carrant dans un fauteuil, imitant* LAURE).

Alfred, mon ami, il est cruel à vous de me priver de mon éventail. Donnez-moi, de grâce, ce flacon d'éther. (*Elle rit.*) Ah ! ah ! ah !

BERTHA (*leaning back in an arm-chair, imitating* LAURA).

Alfred, my dear, how cruel in you to deprive me of my fan ! Pray, give me that bottle of ether. (*She laughs.*) Ah ! ah ! ah !

CORALIE.

Petite moqueuse ! (*Edmond continue à jouer tout seul.*)

CORALIE.

You satirical little puss ! (*Edmund goes on playing alone.*)

Berthe.

Miss Fanny, je pense que vous avez vu toutes les toilettes pour la noce, n'est-ce pas? Parlez-moi donc de celle de Marie.

Bertha.

Miss Fanny, I suppose you have seen all the dresses for the wedding, have you not? Do describe Marie's to me.

Fanny.

Mais vous ne jouirez plus de la surprise. Eh bien! voyons; je vais vous conter cela; car nous venons de la voir Coralie et moi. Marie était allée avec sa mère dans la grande salle d'attente, recevoir les fermiers de Mme. Darville, qui sont venus lui offrir des fleurs et lui faire un compliment.

Fanny.

If I tell you, you will not enjoy the surprise. Well! I can easily describe it, as Coralie and I have just seen it. Marie had gone with her mother in the hall, to receive Mrs. Darville's farmers, who came to offer her some flowers and their congratulations.

Berthe.

Eh bien! la toilette de la mariée?

Bertha.

Well, what about the bride's dress?

Fanny.

Une robe en soie unie, garnie de volants recouverts en Angleterre; un voile en Angleterre et un simple chaperon en fleurs d'oranger; c'est délicieux! Mme. de Baisieux lui a envoyé plusieurs toilettes pour l'occasion, accompagnées d'un billet, tourné le mieux du monde.

Fanny.

A plain silk, trimmed with flounces covered with point lace; a lace veil and a simple wreath of orange blossoms; it is exquisite! Mme. de Baisieux sent her several dresses for the occasion, accompanied by a little note, written in very good style indeed.

BERTHE.

A la bonne heure ; voilà une toilette comme je l'entends. Sera-t-elle jolie cette chère Marie ! Et vous, mademoiselle ?

FANNY.

Mlle. Coralie, Mlle. de Mésange et moi, nous avons la même toilette : une robe de tulle illusion à six volants et une coiffure en boules de neige.

EDMOND.

Mais cette toilette-là sera charmante, mesdemoiselles. Que de ravages vous allez faire dans les cœurs !

BERTHE.

Ce jeune aspirant qui fait de l'esprit !

CHARLES (*entrant*).

Mesdemoiselles, il est neuf heures ; il me semble qu'il vous faudra bien deux heures pour faire votre toilette.

CORALIE.

M. Charles a raison. (*On entend des coups de fusil.*) Ah ! mon Dieu ! que signifient ces coups de fusil ?

BERTHA.

Well ! that dress suits my fancy amazingly ; how sweetly Marie will look ! And what are you to wear, Miss Fanny ?

FANNY.

Miss Coralie, Mlle. de Mésange and I are to be dressed alike : a white illusion with six flounces, and a head-dress of snow-balls.

EDMUND.

Why ! that will be an exquisite toilet, young ladies. What havoc you will create among hearts !

BERTHA.

This young shoot of gallantry is aiming at wit, methinks.

CHARLES (*entering the room*).

Young ladies, it is nine o'clock ; you will certainly be two hours dressing.

CORALIE.

Mr. Charles is right. (*Firing is heard.*) Oh ! mercy ! what does that firing mean ?

Edmond.

Ce sont les fermiers qui les tirent, en honneur du mariage de Marie. Ils s'en vont tous danser au village et souper aux frais de Mme. Darville.

Edmund.

The farmers are firing, to celebrate Marie's marriage. They are all going to have a dance at the village, and then they will sup at Mrs. Darville's expense.

Berthe.

Quand je me marierai, je défendrai toute démonstration dans laquelle il entrera de la poudre.

Bertha.

When I get married, all joyful demonstrations containing powder, shall be prohibited.

Charles.

Edmond, faisons-nous une partie de billard, en attendant l'heure de la réception ? Reconduisons d'abord ces demoiselles à leur appartement. (*Bas à* Fanny.) Vous trouverez chez vous, mademoiselle, un bouquet de camélias et violettes, non anonyme cette fois.

Charles.

Edmund, shall we play a game at billiards until the reception begins? Let us first escort these ladies to their apartment. (*Whispering to* Fanny.) You will find a bouquet of camelias and violets in your room, not an anonymous one this time.

11

CHAPITRE XXIV.

Le Mariage.
Le Grand Salon.

———

Mme. Darville.—Marie.—Charles.
—M. et Mme. de Parnes.—Geor-
ge Dalbret.—Le Général Ber-
trand.—M. et Mme. de Mon-
treuil.—Mme. de Brevannes.—
Son Fils.—Fanny Howard.—M.
et Mme. Dorimont.—M. et Mme.
Beaufort. — *Leurs Enfants.* —
Mgr. L'Archevêque de Tours.—
Le Préfet.—Mme. Davrigny.—
Mlle. de Mésange.—*Beaucoup de
personnes de Tours, invitées.*

———

(*La scène se passe dans un grand
salon meublé avec luxe ; des
vases remplis de fleurs sur
différents meubles. A droite,
une grande porte conduisant
à une chapelle.* Mme. Darville *et* Charles *reçoivent
la société.*)

Bonchamp (*annonçant*).
M. le Préfet et Mme. Da-
vrigny.

CHAPTER XXIV.

The Marriage.
The Drawing-room.

———

Mrs. Darville.—Marie.—Charles.
— M. and Mme. de Parnes. —
George Dalbret.—General Ber-
trand.—M. and Mme. de Mon-
treuil.—Mme. de Brevannes.—
Her Son.—Fanny Howard.—Mr.
and Mrs. Dorimont.—Mr. and
Mrs. Beaufort.—*Their Children.*
—His Grace the Archbishop of
Tours.—The Prefect.—Mrs. Da-
vrigny.—Mlle. de Mésange.—
And many guests from Tours.

———

(*A large drawing-room elegantly furnished. Vases of flowers stand on various pieces
of furniture. On the right,
is a large door leading into
a chapel.* Mrs. Darville
and Charles *receive the
guests.*)

Bonchamp (*announcing*).
The Prefect and Mrs. Da-
vrigny.

Mme. Darville.

Je suis bien heureuse de vous voir, madame. Veuillez vous asseoir sur ce fauteuil, auprès d'une de mes bonnes amies, Mme. Dorimont. Monsieur le Préfet, permettez-moi de vous présenter le Général Bertrand ; mon fils ; M. de Parnes.

Mrs. Darville.

I am most happy to see you. Pray, take this seat near Mrs. Dorimont, one of my best friends. Mr. Davrigny, allow me to introduce General Bertrand to you; my son; M. de Parnes.

Le Préfet.

C'est un grand plaisir pour moi, madame, de faire connaissance avec votre famille. J'aurais désiré vous présenter mes hommages plus tôt, mais des affaires importantes m'ont appelé à Paris, quelques jours avant votre arrivée.

(Le Général Bertrand *cause avec le* Préfet ; *d'autres personnes sont annoncées, la conversation devient générale.*)

The Prefect.

It is gratifying to me, madam, to become acquainted with your family. I would have presented my respects to you sooner, but some important matters called me to Paris, a few days before you arrived.

(General Bertrand *entertains the* Prefect ; *other guests are announced, the conversation becomes general.*)

Mme. de Parnes (*à* Laure).

Eh bien ! je crois que ma sœur a eu raison, après tout, de donner sa fille à ce jeune homme ; c'est un charmant garçon, rempli de moyens. M. Dorimont me dit qu'il s'est déjà distingué au barreau, et personnellement, je le trouve très bien.

Mme. de Parnes (*to* Laura).

Well ! after all, I think my sister was right to consent to her daughter's marrying this young man ; he is a fine fellow. Mr. Dorimont tells me, that he has already distinguished himself at the bar ; and, personally, I think him charming.

LAURE.

Oui, pas mal ; mais peut-on avoir cinq cent mille francs de dot et s'appeler Mme. Dalbret ?—pas le plus petit titre. Si elle était seulement baronne.

LAURA.

Well, yes. But only think of having a dower of five hundred thousand francs, and being called Mrs. Dalbret—not even the smallest title. If she was only a baroness I could understand it.

MME. DE BREVANNES (à ARTHUR).

Plus je vois cette aimable famille, plus je suis heureuse de l'idée que ma petite Fanny va y entrer. Puisqu'elle ne peut être ta femme, mon fils, je la confierai volontiers à ce bon Charles.

MME. DE BREVANNES (*to* ARTHUR).

The more I see of this charming family, the happier I feel at the idea of my little Fanny's becoming a member of it. As she cannot be your wife, my son, I will trust her willingly to Charles.

ARTHUR.

C'est un excellent garçon, et si amoureux d'elle ! Mais quelle est cette jeune fille en tulle illusion avec cette coiffure en boules de neige ?

ARTHUR.

He is a capital fellow, and so much in love with her ! But who is that young girl with a tulle dress and snow-balls in her hair ?

FANNY.

C'est Flore de Mésange, Arthur.

FANNY.

It is Flora de Mésange, Arthur.

ARTHUR.

Elle est bien jolie.

ARTHUR.

She is sweetly pretty.

CHARLES.

Arthur, gare aux flèches de Cupidon !

LE GÉNÉRAL BERTRAND (*au* PRÉFET).

Vous plaisez-vous à Tours, monsieur ? Vous avez habité Paris longtemps, je crois ?

LE PRÉFET.

Je m'y plais assez ; mais Mme. Davrigny regrette son cercle intime. Elle vient de retrouver Mme. de Brevannes, avec un plaisir extrême.

M. DORIMONT.

Eh bien ! Berthe, Vogerolles est-il aussi beau que tu te l'étais imaginé ?

BERTHE.

Oh ! bon papa, c'est d'un beau ! Ces jardins, ce parc, cela me rappelle les Mille et une Nuits. On est si bien dans ce grand château. Je voudrais y rester toujours.

MME. BEAUFORT (*à* CHARLES).

A quelle heure se fait la cérémonie, Charles ?

CHARLES.

Arthur, beware of Cupid's arrows !

GENERAL BERTRAND (*to the* PREFECT).

Do you like Tours, sir. You have lived some time in Paris, I believe ?

THE PREFECT.

I find it agreeable in many respects ; but Mrs. Davrigny misses her intimate circle very much. She met Mme. de Brevannes just now, with a great deal of pleasure.

MR. DORIMONT.

Well ! Bertha, has Vogerolles equalled your expectations ?

BERTHA.

Oh ! grandpa', it is superb ! These gardens and park remind me of the Arabian Nights. One is so comfortable in this great castle. I should like to live here forever.

MRS. BEAUFORT (*to* CHARLES).

At what o'clock is the marriage to take place ?

CHARLES.

A onze heures précises, madame ; mais nous attendons Mgr. l'Archevêque de Tours. Le voici, je crois.

BONCHAMP (*annonçant*).

Monseigneur l'Archevêque.

MME. DARVILLE.

Comment vous exprimer toute ma reconnaissance, de ce que vous ayez bien voulu nous honorer de votre présence aujourd'hui, monseigneur !

L'ARCHEVÊQUE.

Je suis trop heureux, madame, de célébrer un mariage désiré par tant de riches et de pauvres.

(LE GÉNÉRAL BERTRAND *et* CHARLES *causent avec l'*ARCHEVÊQUE. MME. DARVILLE *et* M. DE PARNES *quittent le salon. Au bout d'un quart d'heure une porte latérale s'ouvre,* MARIE *paraît en toilette de mariée, donnant le bras à* M. DE PARNES. MME. DARVILLE *et* GEORGE *la suivent. Deux domestiques, en livrée, ouvrent la grande porte à droite,*

CHARLES.

At eleven precisely ; but we are expecting the Archbishop of Tours. There he is, I think.

BONCHAMP (*announcing*).

His Grace the Archbishop.

MRS. DARVILLE.

How kind in you, to honor us with your presence to-day, my lord !

THE ARCHBISHOP.

I am most happy, madam, to celebrate a marriage, which meets with the good wishes of so many rich and poor.

(GENERAL BERTRAND *and* CHARLES *entertain the* ARCHBISHOP. MRS. DARVILLE *and* M. DE PARNES *leave the drawing-room. A few moments afterwards, a side-door is opened,* MARIE *appears in bridal attire.* M. DE PARNES *hands her in ; they are followed by* MRS. DARVILLE *and* GEORGE. *Two servants in livery open the folding-*

conduisant à la chapelle. L'autel est couvert de fleurs et resplendissant de lumière. L'orgue se fait entendre, l'Archevêque entre dans la chapelle. Marie et tous les invités le suivent ; les gens du château s'assemblent dans le grand salon. L'Archevêque donne la bénédiction nuptiale aux epoux. Après la cérémonie, tout le monde retourne au salon. On entoure la mariée ; elle reçoit les compliments de ses amis.)

doors, on the right, leading into the chapel. The altar is covered with lights and flowers. The sounds of an organ are heard, the Archbishop enters the chapel ; he is followed by Marie and all the bridal party ; the servants crowd into the drawing-room. The Archbishop having performed the ceremony, the company returns to the drawing-room. The bride is surrounded by her family and friends, who congratulate her.)

Le Général Bertrand (*embrassant* Marie).

Ma nièce chérie !

General Bertrand (*kissing* Marie).

My darling niece !

M. Dorimont.

Me sera-t-il permis d'offrir mes compliments à Madame Dalbret ?

Mr. Dorimont.

May I offer my sincere congratulations to Mrs. Dalbret ?

Marie.

Je suis toujours votre petite Marie, général.

Marie.

I am still your little Marie, general.

Bonchamp (*à* Marie).

La sœur Thérèse et deux des orphelines demandent à voir madame.

Bonchamp (*to* Marie).

Sister Theresa and two of the orphans wish to see you, ma'am.

MME. DARVILLE.

Dites-leur d'entrer, Bonchamp.

(*La sœur* THÉRÈSE *s'avance timidement, avec deux petites filles qui portent des corbeilles de fleurs.*)

UNE DES PETITES FILLES.

Permettez-nous, madame, de vous offrir ce faible témoignage de notre reconnaissance et de notre dévouement. Puisse le ciel, comblant les vœux de tous ceux qui vous entourent, vous accorder de longs jours de bonheur.

MARIE.

Merci, mes enfants. J'accepte avec reconnaissance vos vœux et vos fleurs. Une des occupations les plus douces de ma nouvelle existence, sera d'aller souvent vous visiter, et d'aider notre bonne sœur Thérèse à vous guider dans le sentier du bonheur et de la vertu. (*Elle embrasse les deux petites filles, qui se retirent toutes joyeuses.*)

MME. DE PARNES.

Marie, mon enfant, le vrai

MRS. DARVILLE.

Tell them to come in, Bonchamp.

(*Sister* THERESA *comes in timidly, with two little girls bearing baskets of flowers.*)

ONE OF THE LITTLE GIRLS.

Allow us, madam, to offer you this trifling testimony of our gratitude and devotion. May Providence listen to the prayers of all those who surround you, and grant that many days of real happiness may be in store for you.

MARIE.

Thank you, my dear children. I am truly grateful for your good wishes and flowers. One of my favorite duties, hereafter, will be to visit you very often, and assist our good Sister to guide you in the path of happiness and virtue. (*She kisses the little girls, who retire with joyful countenances.*)

MME. DE PARNES.

Marie, dear child, true hap-

bonheur est à Vogerolles, je le vois bien.

Marie.

Puissiez-vous, chère tante, en être toujours persuadée et revenir souvent nous voir.

Mme. de Parnes.

Bien certainement. (*A* Geor- ge.) Monsieur Dalbret, recevez les compliments de votre nouvelle tante.

George.

C'est un titre qui m'est bien cher, madame.

Mme. Darville (*à l'*Archevê- que).

Monseigneur, vous ne nous quittez pas encore, n'est-ce pas? Le bonheur de mes enfants ne serait pas complet si vous ne nous donniez pas votre journée toute entière.

L'Archevêque.

Je serai bien volontiers des vôtres, madame; car le monde, tel que je le vois ici, n'est pas celui que je condamne. En consacrant votre fortune à soulager le malheur et à répandre

piness is indeed to be found at Vogerolles; I see it now.

Marie.

May you ever think thus, dear aunt, and frequently return to visit us.

Mme. de Parnes.

Oh! certainly. (*To* George.) Mr. Dalbret, accept the sincere wishes of your aunt.

George.

I value that title very highly, dear madam.

Mrs. Darville (*to the* Arch- bishop).

My Lord, I hope you do not intend to leave us yet. The happiness of my children would not be complete, if they were so soon deprived of your kind presence.

The Archbishop.

I will remain with you with pleasure, dear madam; for I can but praise and admire the circle I meet here. By devoting your fortune to the relief and improvement of our vil-

le bien-être dans nos campagnes, vous exercez un véritable apostolat, et je vois avec joie vos vertus revivre dans votre aimable fille. Si toutes les unions terrestres se contractaient sous des auspices aussi saints que celle que je viens de bénir, la paix qui règnerait dans les familles serait un avant-coureur de celle qui nous attend au ciel.

lagers, you exercise a holy mission; and I am happy to see your daughter follow your example. If all earthly ties were as sacredly bound as those I have just blessed, the peace which many families would enjoy here below, would be but a foretaste of that which awaits us in heaven.

Fin.

The End.

LIST OF ADDRESSES

WHICH MAY BE USEFUL TO TRAVELLERS IN PARIS.

DRY GOODS.

DELISLE, rue de Choiseuil.
VILLE DE PARIS, rue Montmartre.
AUBERTOT, Boulevards Bonne Nouvelle.

MILLINERS.

BAUDRANT, Place Vendôme.
MADAME LAURE, Boulevards des Capucines.

DRESS-MAKERS.

MADAME DE BAISIEUX, Place Vendôme.
MADAME LARDIN.
MADAME SALMÉ, 7 rue d'Argenteuil.

LINEN-DRAPERS.

MADEMOISELLE HERMILLE, 3 rue 29 Juillet.

ARTIFICIAL FLOWERS.

CONSTANTIN.
CARTIER, 30 rue Louis le Grand.

JEWELLERS.

JANISSET, rue de Richelieu.
BÁSSOT, rue de la Paix.

CHILDREN'S CLOTHES.

L'ÉCLAIR, Boulevards des Capucines.

CORSET-MAKERS.

Madame Carrière, 66 faubourg Poissonnière.
Madame Grigné, 11 rue d'Orléans.

GLOVES.

Borvin, rue de la Paix.
Alexandre, 22 rue St. Augustin.

LADIES' SHOES.

Chalopin.
Chapelle.

TAILORS.

Chevreuil, corner of rue St. Honoré and Castiglione.
Alfred, rue de la Paix.

SHIRTS, CRAVATS, ETC.

Madame May, rue de Richelieu.

BOOTS.

Clercx, Boulevards des Italiens.

HAIR-DRESSERS.

Coutant.

BRONZES.

Denières.

CONFECTIONERS.

Boissier, Boulevards des Capucines.
Marquès, Passage du Panorama.

PASTRY.

Félix, Passage du Panorama.

FANCY ARTICLES.

Suse, rue Vivienne.
Giroux, rue du Coq, St. Honoré.

VOLTAIRE'S HISTORY OF CHARLES XII.,

KING OF SWEDEN.

CAREFULLY REVISED.
BY PROF. GABRIEL SURENNE.
12mo. 262 pages. Price 50 Cents.

This is a neat edition of this valuable history, published under the direction of a distinguished scholar, and well adapted for the use of schools in this country.

"To students of the French language this edition of a history which has not been excelled, in its class, which is like Southey's Life of Nelson, in our own tongue, will be particularly acceptable."—*Evening Post.*

A NEW FRENCH MANUAL,

AND TRAVELLER'S COMPANION.
BY G. SURENNE.
16mo. 287 pages. Price 62 Cents.

This work is intended as a Guide for the Tourist, and a Class-book for the Student.

"An excellent work, and one which to a good student will prove most valuable. It seems to be complete in all its departments and arrangements, and to take the place of a French teacher, as far as that may be: giving every aid in pronunciation. We cheerfully recommend it to all engaged in this study."—*Educat. Magazine.*

FRENCH CONVERSATION AND DIALOGUES.

BY GUSTAVE CHOUQUET.
1 Vol. 18mo. 200 pages. Price 50 Cents.

This volume contains conversations on ordinary subjects, designed to familiarize the student with the idiomatic expressions which most frequently occur in French conversation. It is very complete, clear, and distinct.

YOUNG LADIES' GUIDE TO FRENCH COMPOSITION.
BY GUSTAVE CHOUQUET.
1 Vol. 12mo. 297 pages. Price 75 Cents.

This useful work consists of two parts; the first part being a General Treatise on Rhetoric, which, as an elementary work, has decided merits.

The second part contains great variety of subjects, with full and well-chosen exercises, with selections from the best and purest French writers

SERIES OF FRENCH READERS.

NEW ELEMENTARY FRENCH READER. Being an Introduction to the French Language; containing Fables, Select Tales, Remarkable Facts, Amusing Anecdotes, &c. With a Dictionary of all the Words translated into English. By M. DE FIVAS, Member of Several Literary Societies. 16mo. Price 50 Cents.

This little work is used as a Class-Book in nearly all schools in this country where the elements of French are taught. The selection comprises a great variety of subjects, mostly of a lively and familiar style The Phrases will serve as elements in conversation, and enable the stu dent to read with facility other French books.

THE CLASSIC FRENCH READER; for Advanced Students; Or, Beauties of the French Writers, Ancient and Modern. By ALAIN DE FIVAS. With a Vocabulary, French and English, of all the Words and Idioms contained in the work, by J. L. JEWETT. 1 Vol. 12mo Price $1 00.

This work embraces selections from the writings of all the literary periods, and specimens of the various styles of the most distinguished writers, and unites the advantage of a Reader, Lexicon, and Grammar. Occasional Notes are added, which explain and enhance the value of the work. The work has met with universal favor and patronage.

ROEMER'S FIRST FRENCH READER. With an Analytical Study of the French Language, a Treatise on French Poetry, and a Dictionary of Idioms, Peculiar Expressions, &c. Price $1 00.

This Treatise on the Analytical Study of the French Language, and on the Rules of French Versification, evinces a true and discriminating philological taste. The Selections, from agreeable French literature, are made with great judgment, and by bringing the affinities of the English and French directly in view, the acquisition of the French is made comparatively easy.

ROEMER'S SECOND FRENCH READER. Illustrated with Historical, Geographical, Philosophical, and Philological Notices. Price $1 25.

This is one of the most original, ingenious, and useful manuals published, and will prove a treasure to the student of the French.

As a compilation of elegant extracts, this volume is second to none they are marked by good taste and sound judgment, many of them being perfect gems of French literature.

SERIES OF FRENCH READERS

ROWAN'S MODERN FRENCH READER. Selections from modern French authors, adapted to young persons learning the French. With a Vocabulary of the new and difficult words and idiomatic phrases adopted in modern French literature. By J L. JEWETT. 1 Vol. 12mo. Price 75 Cents.

The chief object of this work is to afford the means of making the youth acquainted with the French language as it is spoken at the present day, and as presented by modern French authors. The selections are choice and unexceptionable.

"The selections are made with great taste and judgment, and the moral of all is good." —*Com. Advertiser.*

"We do not know any book of the kind better calculated for a reading-book for classes in our schools."—*Boston Atlas.*

SELECT POETRY FOR YOUNG PERSONS. By Madame H. Coutan. 12mo. Price $1 00.

A collection of some of the most choice, beautiful, and interesting poetical productions of the French language.

"It is a very charming collection of some of the sweetest and most graceful verses in the French Language. We were hardly aware, till we looked over this book, that so many distinguished French authors had contributed to a class of productions, so peculiarly suited to readers of an early age."—*Evening Post.*

DRAMATIC FRENCH READER. Being a selection, in progressive order of the chief Dramatic Works of the French language, with notes to facilitate the pupil's progress. By Prof. A. G. Collot. 1 Vol. 12mo. $1 00.

This volume is made up of fourteen complete dramas, taken from the works of the best and purest writers, among which are Corneille, Racine, Molière, and Prior.

"It will undoubtedly prove a valuable assistant to those who are engaged in obtaining a knowledge of the language it is intended to teach."—*Courier & Enquirer.*

NEW FRENCH TESTAMENT. According to the Translation of J. Ostervald's Stereotyped Edition, printed by the Edinburgh University 32mo. Price 38 Cents.

OLLENDORFF'S FRENCH GRAMMARS.

**OLLENDORFF'S FIRST LESSONS IN LEARNING TO READ, WRITE,
AND SPEAK THE FRENCH LANGUAGE.** Being an Introduction
to Ollendorff's larger grammar. Third edition, Enlarged and Re-
written by G. W. GREENE, Instructor in Brown University. 16mo
Price 50 Cents.

**OLLENDORFF'S NEW METHOD OF LEARNING TO READ, WRITE,
AND SPEAK THE FRENCH LANGUAGE.** With an Appendix,
containing the Cardinal and Ordinal Numbers, and full Paradigms
of the Regular and Irregular, Auxiliary, Reflective, and Impersonal
Verbs. By J. L. JEWETT. 1 Vol. 12mo. Price $1 00.

☞ KEY TO EXERCISES. Separate Volume. Price 75 Cents.

**OLLENDORFF'S NEW METHOD OF LEARNING TO READ, WRITE,
AND SPEAK THE FRENCH LANGUAGE.** With the Lessons
divided into Sections of a proper length for daily tasks, and numerous corrections, additions, and improvements, suitable for this
country; to which is added Value's System of French Pronunciation; his Grammatical Synopsis, a new Index, and Short Models
of Commercial Correspondence. By V. VALUE. 1 Vol. 12mo.
Price $1 00.

☞ KEY TO EXERCISES. Separate Volume. Price 75 Cents.

**OLLENDORFF'S COMPANION TO NEW METHOD OF LEARNING
TO READ, WRITE, AND SPEAK THE FRENCH LANGUAGE.**
Containing Dialogues and a Vocabulary. By GEO. W. GREENE.
12mo. Price 75 Cents.

**OLLENDORFF'S NEW METHOD FOR FRENCHMEN TO LEARN TO
READ WRITE, AND SPEAK THE ENGLISH LANGUAGE.** By
CHARLES BADOIS. 12mo. Price $1 00.

☞ KEY TO EXERCISES. Separate Volume. Price 50 Cents.

**OLLENDORFF'S NEW METHOD FOR SPANIARDS TO LEARN TO
READ, WRITE, AND SPEAK THE FRENCH LANGUAGE.** Containing Progressive, Oral, and Written Exercises, with an Appendix,
containing Rules of Syntax and rules for the formation and conjuga-
tion. By THEODORE SIMONNE. 12mo. Price $2 00.

☞ KEY TO EXERCISES. Separate Volume. Price 75 Cents.

Few school manuals have been so highly approved, and used for a
series of years with such universal acceptance, as the Ollendorff Series,
for the acquirement of the French Language; that system being now
almost universally acknowledged to be the only correct one.

A NEW AND ENLARGED EDITION, IN LARGE TYPE.
STANDARD
PRONOUNCING FRENCH DICTIONARY.
IN TWO PARTS.

I. FRENCH & ENGLISH. II. ENGLISH & FRENCH.

BY GABRIEL SURENNE, F. A. S. E.

1 large Vol. 12mo. 974 pages. Price $1 50.

The First Part of this well-known and universally popular work contains: Words in common use; Terms connected with science; Terms belonging to the fine arts; and

Four thousand historical names; Four thousand geographical names; and

Upwards of eleven thousand newly published terms.

The pronunciation of every word according to the French Academy and the most eminent lexicographers and grammarians; also,

More than seven hundred critical remarks, in which the various methods of pronouncing employed by different authors, are investigated, and compared with each other.

The Second Part contains: A copious list of English words and expressions, with their proper pronunciation; also, a critical and comprehensive system of French pronunciation.

"Every student of the French language, and every person of taste who is fond of reading French, and wishes to become proficient in that tongue, should possess this comprehensive but complete dictionary. It embraces all the words in common use, and those in science and the fine arts, historical and geographical names, etc., with the pronunciation of every word according to the French Academy, together with such critical remarks as will be useful to every learner. It is published in a form of extreme condensation, and yet contains so full a compilation of words, definitions, etc., as scarcely to leave any thing to be desired."—*New York Observer.*

AN ABRIDGMENT OF THE ABOVE.

1 Vol. 16mo. 556 pages. Price 90 Cents.

It is confidently anticipated that this volume will prove not only a useful auxiliary to the student, but also a convenient Pocket Companion to the traveler, wherever the French language is spoken. A vocabulary of proper names accompanies the work.

"M. Surenne is a very prominent professor in Edinburgh; and all who use his books may rely on having before them the purest style of the French tongue."—*Christian Intelligencer.*

SPIERS & SURENNE'S

FRENCH & ENGLISH, AND ENGLISH & FRENCH

PRONOUNCING DICTIONARY.

EDITED BY G. P. QUACKENBOS, A. M.

1 large Vol. 8vo., of about 1,300 pp., neat type, fine paper, and strong binding   Price $3 00.

THE PUBLISHERS CLAIM FOR THIS WORK,

1st. That it is a revision and combination of (SPIERS') the best defining, and of (SURENNE's) the most accurate pronouncing dictionary extant.

2d. That in this work the numerous errors in Spiers' dictionary have been carefully and faithfully corrected.

3d. That some three thousand new definitions have been added.

4th. That numerous definitions and constructions are elucidated by grammatical remarks and illustrative clauses and sentences.

5th. That several thousand new phrases and idioms are embodied.

6th. That upwards of twelve hundred synonymous terms are explained, by pointing out their distinctive shades of meaning.

7th. That all of the irregular parts of the verbs are inserted in alphabetical order, so that one reference gives the mood, tense, person and number.

8th. That some four thousand new French words, connected with science, art, and literature, have been added.

9th. That every French word is accompanied by an as exact pronunciation as can be represented by corresponding English sounds, and vice versa.

10th. That it contains a full vocabulary of the names of persons and places, mythological and classical, ancient and modern.

11th. That it is the most complete, accurate, and reliable dictionary of these languages published.

From WASHINGTON IRVING.

"As far as I have had time to examine it, it appears to me that Mr. Quackenbos, by his revision, corrections and additions, has rendered the Paris Edition, already so excellent, the most complete and valuable lexicon now in print."

From WM. H. PRESCOTT.

"In the copiousness of its vocabulary and its definitions, and in the great variety of idiomatic phrases and synonymes, it far exceeds any other French and English dictionary with which I am acquainted."

48

OLLENDORFF'S

SPANISH, GERMAN, AND ITALIAN GRAMMARS.

OLLENDORFF'S NEW METHOD OF LEARNING TO READ, WRITE AND SPEAK THE GERMAN LANGUAGE. To which is added a Systematic Outline of the different Parts of Speech, their Inflection and Use, with full Paradigms, and a complete List of the Irregular Verbs. By GEORGE J. ADLER, A. M., Professor of German in the University of the City of New York. One volume. 12mo Price $1 00.

OLLENDORFF'S NEW METHOD FOR GERMANS TO LEARN TO READ, WRITE, AND SPEAK THE ENGLISH LANGUAGE. Arranged and adapted to Schools and Private Academies. By P GANDS. 12mo. Price $1 00.

OLLENDORFF'S NEW METHOD OF LEARNING TO READ, WRITE, AND SPEAK THE SPANISH LANGUAGE. With an Appendix, containing a brief but comprehensive Recapitulation of the Rules as well as of all the Verbs, both Regular and Irregular, so as to render their use easy and familiar to the most ordinary capacity. Together with Practical Rules for Spanish Pronunciation, and Models of Social and Commercial Correspondence. The whole designed for Young Learners and persons who are their own Instructors. By M. VELAZQUEZ and T. SIMMONE, Professors of the Spanish and French Languages. 12mo. 560 pages. $1 50.

OLLENDORFF'S NEW METHOD FOR SPANIARDS TO LEARN TO READ, WRITE AND SPEAK THE ENGLISH LANGUAGE. With a Treatise on Pronunciation, and an Appendix, by Palenzuela and Carenno. 12mo Price $2 00.

☞ KEYS TO EACH OF THE ABOVE, in Separate Volumes. Price 75 Cents each.

OLLENDORFF'S PRIMARY LESSONS IN LEARNING TO READ, WRITE, AND SPEAK THE ITALIAN LANGUAGE. Introductory to the larger Grammar. By GEO. W. GREENE. 18mo. Price 50 c

OLLENDORFF'S NEW METHOD OF LEARNING TO READ, WRITE, AND SPEAK THE ITALIAN LANGUAGE. With Additions and Corrections By FELIX FORESTI. Price $1 50.

☞ KEY TO THE EXERCISES, in Separate Volumes. Price 75 a

GRAMMAR OF THE SPANISH LANGUAGE

WITH A HISTORY OF THE LANGUAGE AND PRACTICAL EXERCISES,

BY M. SCHELE DE VERE,

OF THE UNIVERSITY OF VIRGINIA.

12mo. 273 Pages. Price $1.

No Student of the Castilian dialect should be without this grammar. It possesses several advantages over most other Spanish grammars published in this country, not excepting the "System" of Ollendorff. It is at once concise and comprehensive—*multum in parvo*—containing nothing that is redundant, yet omitting nothing that is essential to the learner. The conjugations are so admirably arranged as no longer to present that stumbling-block which has frightened so many from the study of one of the richest and most majestic of languages.—*Philadelphia Daily News.*

BOOK-KEEPING. IN SPANISH.

BY C. C. MARSH.

8vo. Price $1 50.

FIRST BOOK IN ORTHOGRAPHY. IN SPANISH

12mo. Price 50 cents.

Designed for the use of Primary Schools.

FIRST BOOK IN GEOGRAPHY.

Illustrated by 100 engravings and 14 maps. By Asa Smith, A. M. Translated and adapted to the use of schools in South America, Mexico, and the West Indies.

BY THEMISTOCLES PAREDES,

SECRETARY OF LEGATION OF NEW GRANADA

Just Ready.

GESENIUS' HEBREW GRAMMAR.

Fourteenth Edition, as revised by Dr. E Rödiger. Translated by T. J. Conant, Professor of Hebrew in Madison University, N. Y. With the Modifications of the Editions subsequent to the Eleventh, by Dr. Davies, of Stepney College, London. To which are added a Course of Exercises in Hebrew Grammar, and a Hebrew Chrestomathy, prepared by the Translator.

12mo. 447 pages. Price $1 25.

GERMAN AND ENGLISH, AND ENGLISH AND GERMAN
PRONOUNCING DICTIONARY.

BY J. G. ADLER, A M.,
Professor of German Language and Literature in the University of New York.

One elegant large 8vo. vol. of 1,400 pages.   Price $5

The aim of the distinguished author of this work has been to em body all the valuable results of the most recent investigations in a German lexicon, which might become not only a reliable guide for the practical acquisition of the language, but one which would not forsake the student in the higher walks of his pursuits, to which its treasures would invite him.

In the preparation of the German and English part, the basis adopted has been the work of Flügel, compiled in reality by Heimann, Feiling, and Oxenford.   This was the most complete and judiciously prepared manual of the kind in England.

The present work contains the accentuation of every German word, several hundred synonymes, together with a Classification and Alphabetical List of the Irregular Verbs, and a Dictionary of German Abbreviations.

The foreign words, likewise, which have not been completely Ger manized, and which often differ in pronunciation and inflection from such as are purely native, have been designated by particular marks.

AN ABRIDGMENT OF THE ABOVE.

1 Vol.   12mo.   844 pages.   Price $1 50.

With a view of offering to the student of the German such a portion of his larger work as would embody the most general and important lexicographical elements of the language in the smallest possible compass, the author has gone over the entire ground of the larger work revising, condensing, or adding, as the case might require.   All provincialisms, synonymes, and strictly scientific terms, have been excluded from these pages, and every thing that might prove unnecessary or embarrassing to beginners, or to travellers and others, for whom a smaller volume is better adapted.

49

𝔈𝔡𝔲𝔠𝔞𝔱𝔦𝔬𝔫𝔞𝔩 𝔗𝔢𝔵𝔱-𝔅𝔬𝔬𝔨𝔰.

GREEK AND LATIN—Continued.

BEZA'S Latin Testament. 12mo	75
CÆSAR'S Commentaries. Notes by Spencer. 12mo	1 00
CHAMPLIN'S Short and Comprehensive Greek Grammar. 12mo	75
CICERO De Officiis. Notes by Thatcher. 12mo.	90
—————— Select Orations. Notes by Johnson. 12mo	1 00
HERODOTUS, with Notes, by Prof. Johnson. 12mo	75
HORACE. With Notes, &c., by Lincoln. 12mo	1 25
KENDRICK'S Greek Ollendorff. 12mo	1 00
TACITUS' Histories. Notes by Tyler. 12mo	1 25
—————— Germania and Agricola. Notes by do. 12mo	62
XENOPHON'S Memorabilia. Notes by Robbins. New rev. edit. 12mo	1 00
SALLUST, with Notes by Prof. Butler. 12mo	
KUHNER'S Elementary Greek Grammar. By Edwards and Taylor	
New improved edition. 12mo	1 50
LIVY. With Notes, &c., by Lincoln. 12mo. Map	1 00
QUINTUS CURTIUS RUFUS' Life and Exploits of Alexander the Great.	
Edited and illustrated, with English Notes, by Professor Crosby. 12mo	1 00
SOPHOCLES' Oedipus Tyrannus. With English Notes, by Howard	
Crosby. 12mo	75

FRENCH.

BADOIS'S Grammar for Frenchmen to learn English 1 vol. 12mo	1 00
KEY to do.	50
CHOUQUET'S French Conversations and Dialogues. 18mo	50
—————— Young Ladies' Guide to French Composition. 12mo	75
COLLOT'S Dramatic French Reader. 12mo	1 00
COUTAN, A., Choix de Poesies. 12mo	1 00
DE FIVA'S Elementary French Reader. 16mo	50
—————— Classic do 12mo	1 00
FENELON'S TELEMAQUE. Edited by Surenne. 1 vol. 18mo	50
—————— or bound in 2 vols. 18mo	62
Le Nouveau Testament. Par J. F. Ostervald. 32mo	38
OLLENDORFF'S New Method of Learning French. Edited by J. L. Jewett.	
12mo	1 00
—————— Method of Learning French. By V. Value. 12mo	1 00
KEY to each vol.	75
—————— First Lessons in French. By G. W. Greene. 18mo	50
COMPANION to Ollendorff's French Grammar. By G. W. Greene. 12mo	75
OLLENDORFF'S Grammar for Spaniards to Learn French. By Simonne. 12mo	2 00
ROEMER'S First French Reader. 12mo	1 00
—————— Second do. 12mo	1 25
ROWAN'S Modern French Reader. 12mo	75
SIMONNE'S Treatise on French Verbs. 1 vol	50
SPIERS' and Surenne's Complete French and English, and English and	
French Dictionary. With Pronunciation, &c., &c. One large 8vo. volume,	
of 1490 pp. Sheep,	3 00
SPIERS AND SURENNE'S Standard Pronouncing Dictionary of the French	
and English Languages. (School Edition.) Containing 973 pp. 12mo. new	
and large type.	1 50
SURENNE'S French and English and English and French Dictionary.	
16mo. 563 pp.	90
—————— French Manual and Traveller's Companion. 16mo	62
VOLTAIRE'S Histoire de Charles XII. Par Surenne. 18mo	50

GERMAN.

ADLER'S Progressive German Reader. 12mo.. 1 00
———— German and English and English and German Dictionary. Compiled from the best authorities. 1 vol., large 8vo. Half Russia............ 5 00
———— Abridged German and English and English and German Dictionary. 12mo. 840 pp..Half Russia, 1 50
ADLER'S Hand-Book of German Literature. 12mo............................ 1 50
BRYAN'S Grammar for Germans to Learn English. 12mo................ 75
EICHHORN'S Practical German Grammar. 12mo............................. 1 00
OEHLSCHLAGER, J. C. A Pronouncing German Reader.................. 1 00
OLLENDORFF'S New Method of Learning German. Edited by G. J. Adler. 12mo. 1 00
    KEY to do... 75
OLLENDORFF'S New Grammar for Germans to learn the English Language.
    By P. Gands. 12mo... 1 00
    KEY to do. 12mo... 75

ITALIAN.

BARETTI'S Italian and English and English and Italian Dictionary. 2 vols.
    8mo. cloth.. 7 50
FORESTI'S Italian Reader. 12mo... 1 00
MEADOWS' New Italian and English Dictionary. 1 vol. 16mo............ 1 50
OLLENDORFF'S New Method of Learning Italian. Edited by F. Foresti. 12mo. 1 50
    KEY to do. 75
OLLENDORFF'S Primary Lessons in Italian. 18mo......................... 50

SPANISH.

BUTLER'S Spanish Teacher and Colloquial Phrase Book. 18mo............ 50
DON QUIXOTTE, (in Spanish.) 12mo....................................... 1 25
DE VERE'S Grammar of the Spanish Language. 12mo..................... 1 00
MANDEVIL'S Spanish Reader. 12mo....................................... 25
MANDEVIL'S Second Reader, in Spanish. 12mo........................... 50
MARSH'S Book-keeping in Spanish. 8vo.................................. 1 50
OLLENDORFF'S New Method of Learning Spanish. By M. Velazquez
    and T. Simonné. 12mo... 1 00
    KEY to do... 75
OLLENDORFFS New Method of Learning English applied to the Spanish.
    By Professors Palenzuela and Carenno. 12mo................ 2 00
    Key to do.. 75
OLLENDORFF'S Grammar for Spaniards to learn English. By Palenzuela. 12mo. 2 00
    KEY to do.. 75
SIMONNE'S Grammar for Spaniards to learn French. 12mo.............. 2 00
    KEY to do.. 75
SEOANE'S Neuman and Baretti's Spanish and English and English and
    Spanish Dictionary. By VELAZQUEZ. With Pronunciation, &c., &c. One
    large 8vo. vol. of 1400 pp.................................... 5 00
———— Abridged edit. of do. 12mo..... nearly ready....... 1 75
TOLON'S Elementary Spanish Reader. 12mo............................. 63
VELAZQUEZ' New Spanish Reader. With Lexicon. 12mo............... 1 25
———— Spanish Phrase Book. 18mo............................ 38
FIRST BOOK in Orthography, (in Spanish.) 12mo..................... 50

HEBREW.

GESENIUS'S Hebrew Grammar. Edited by Rödiger. Translated from the best
    German edition, by Conant. 8vo............................... 2 00

SYRIAC.

UHLEMANN'S Syriac Grammar. Translated from the German. By Enoch
    Hutchinson. 1 vol. 8vo. 3 50